明治維新と宮城の芸能

はじめに

宮城で行われている各種の芸能は明治維新をどう乗り越えてきたのか。これが本書で扱うテーマである。

明治維新は政治、社会、文化等広い範囲に及ぶ大規模な改革であった。年月を重ね、明治から大正、昭和、平成を経て、１５０年後の令和の世からすれば、明治維新は遠い歴史上の出来事である。明治期は欧米の社会、文化が取り入れられ、江戸時代と大きく異なる変化があった。政治では天皇を中心とする政治・社会へと大きな転換が行われ、宗教では仏教と切り離された、現在の神道の基礎が創られた。

本書で扱う宮城の芸能は宮城県という地域で行われている郷土の芸能であり、こうした芸能の多くは、地域で生活する人々に根付いている仏・神への信仰と切り離せないものである。

明治維新はその仏・神のあり方を大きく変えた。神は日本人が列島で生活を始めて以来、ずっと人々にとって身近な存在で、いたる所にいるとされる。しかし、仏への信仰は仏教と共に6世紀にもたらされた外来のものである。その神と仏は中世に融合し、この世にいる神及び仏教とともにわが国にやって来たこの世の仏は、あの世にいる仏菩薩《ぼさつ》がこの世の生きとし生けるものを救うためにこの世に現れた姿という理解で整理された。いわゆる神仏習合思想だが、明治以前に行われていた芸能の多くはこうした神仏一体の考えに基づいて受け入れられていた。ところが明治維新の神仏分離政策により、この世の神と仏は切り離され、神は仏と融合する以前の固有の姿が模索された。

宮城に暮らしていた人だけでなく、多くの人々にとってこの切り離しは唐突であった。これによって各種の芸能は新しい時代に適合する変化を余儀なくされた。この変化が近代化した地域芸能として安定するのは、明治20年代以降と思われる。

現代は戦後に成立した、国民を主権とする民主主義下での生活が当たり前になっている。明治維新から多くの時間が経過し、さらに戦後の変革を経て、明治期の大きなうねりもはるか昔の出来事となった。本書では明治期に起こった、仏と神の信仰にとって驚天動地の変革に宮城の芸能がどのように対応したのかを個々に見ていく。

なお、本書は東北歴史博物館（宮城県多賀城市）の令和2年度館長講座として実施した8回の講義録に加筆、修正を加えたものである。講座及び本書執筆にあたり、お世話になった多くの皆様に感謝申し上げるとともに、本書をもってその恩に報いたいと考える次第である。

目次

第1章　宮城の芸能素描

1　芸能における舞と踊

地域に伝わる芸能を民俗芸能と呼んでいる。戦前は、これを郷土芸能あるいは郷土芸術ともいっていた。民俗芸能は文化財の保存・活用と切り離せない言葉になっているため、文化財行政ではこの言葉が一般的だが、実際に芸能に関わっている人たちやそれを支えている人は郷土芸能と呼ぶことが多い。

似た言葉に伝統芸能がある。伝統芸能はどこの地域で伝えているかを問わないもので、能・狂言や歌舞伎等がこれにあたる。歴史をさかのぼれば、能や歌舞伎も地域の芸能であった。それがやがて地域による違いが統一され、能・狂言は室町時代、歌舞伎は江戸時代に伝統芸能となった。一方、民俗芸能や郷土芸能は、どの地域の芸能かがわかるよう、芸能名の前に地名を付すのが一般的である。例えば雄勝法印神楽（石巻市雄勝町）、熊野堂神楽（名取市高舘熊野堂）、秋保の田植踊（仙台市太白区秋保町）といった具合である。

伝統芸能と民俗芸能では、芸能を担う立場の人々にも違いがある。伝統芸能は専業者が行うのに対し、民俗芸能は主として芸能活動を職業としていない人たちが行う。

芸能は笛や太鼓の音に合わせて一連の動作が演じられる。今日、これを表わすのに最も一般的な言葉は舞踊である。だが、舞踊はかつて区別されていた舞と踊の別々の言葉を合わせた造語で、英語でいうダンスの訳語として普及した。ダンスは幕末頃から頻繁に使われ、当初は舞踏と訳されていた。そうしたところ、明治37（１９０４）年に小説家・翻訳家・劇作家の坪内逍遥が日本演劇の改良を目指した理論書『新楽劇論《しんがくげきろん》』を著し、そこでダンスの意味で舞踊を用い、これが徐々に全国へ浸透していったとされる。

舞踊の言葉が普及するに従って、それまで区別されていた舞と踊の違いが不明瞭になった。しかし、それ以前、日本の芸能において、舞と踊の違いは厳然としていた。芸能史を民俗学の視点から考察した折口信夫は「まひ（舞）は旋回運動であり、をどり（踊）は跳躍運動」と説明し、折口の弟子、池田弥三郎はこれを受けて「まひと呼ばれる芸能のもとには、旋回する運動がある。旋回運動から芸能化してきたものを、まひという」「踊りと呼ばれる芸能のもとには、跳躍する運動がある。跳躍運動から芸能化してきたものを、踊りという」と整理した。

舞と踊を区別していた例に、舞楽、能舞、幸若舞《こうわか》を踊楽、能踊、幸若踊といわないし、念仏踊、盆踊を念仏舞、盆舞といわないことがあげられる。舞は個人的・芸術的・職業芸人的・独演的な動きであるのに対し、踊は集団的・民衆的な動きとされる。民俗芸能を舞と踊に分けると、神楽、獅子舞、延年は舞で個の旋回運動が重視される。一方、田植踊、田楽踊、鹿踊《ししおどり》、念仏踊は

滝原の顕拝（剣舞）＝仙台市太白区秋保町

文字通りの踊で、大勢による跳躍運動が主である。

剣を持った10人ほどが一団で踊る剣舞《けんばい》は、舞と踊の区分でいえば踊である。現在、多くの団体で剣舞としているが、滝《たき》原《ばら》（仙台市太白区秋保町馬場）は顕拝《けんばい》である。この他、江戸時代の伝書に反拝《へんばい》や剣拝《けんばい》と記された例がある。

剣舞は念仏を唱えながら踊る念仏踊の一種である。邪気を払うために呪文を唱えながら大地を踏み締め、千鳥足のようにジグザグと特殊な歩を進める呪法、反閇《へんばい》（反拝）が芸能化したとみられている。剣を持って踊ることから、持ち物の剣と反閇の閇、もしくは反拝の拝が合体してケンバイ（剣拝、ただし剣閇は未見）となり、舞と踊が混用されて剣舞が定着したのであろう。であれば、剣舞の表記は明治期以降の産物である。

2　宮城の芸能

東北地方は民俗芸能の宝庫といわれる。岩手県の北上・みちのく芸能まつり実行委員会が刊行した『炎の伝承―北上芸能伝承まつり』（１９９９年）によれば、東北６県の民俗芸能の数は以下の通りである。

岩手県　１２６９　福島県　５５９　宮城県　５０２
青森県　３６６　秋田県　３４６　山形県　３２８　計３３７０

飛びぬけて多い岩手県は毎日県内のどこか３・５カ所で民俗芸能が行われている数である。宮城県は１日平均１・４カ所である。

宮城県で特徴的なのは江戸時代、仙台藩がいくつかの芸能に制約を加えていたことである。例えば宮城県は全国どこでもある盆踊がかつてほとんど見られなかった。集団で行う踊はたびたび人数を制限しており、最も大勢で踊る盆踊は芸能そのものが禁止された。現在行われている盆踊は明治期に福島から宮城県南に導入されたのが始まりで、県内各地に広まったのは戦後である。

以下に本書で扱う県内の民俗芸能を中心に概略する。

◇神楽

法印神楽（24団体）、南部神楽（89団体）、十二座神楽（49団体）、太神楽《だいかぐら》（4団体）を合わせ166団体が活動中である。県内民俗芸能の33％にあたり、最も多い。このうち法印神楽、南部神楽、十二座神楽は、鉾《ほこ》や扇などの採り物を持って舞うのを特色とする出雲流神楽の系統である。一方、太神楽は獅子の舞いを中心とする獅子神楽に属する。4団体は県南で行われている伊勢流太神楽である。11月（霜月）に湯立《ゆだて》を中心にして行う霜月神楽（伊勢流神楽）は県内で行われていないが、湯立は一部の法印神楽や十二座神楽で行われている。

法印神楽は江戸時代に法印（修験者）が行っていた出雲流神楽に源流があり、石巻市から気仙沼市の太平洋側を中心に行われている。これを浜の法印神楽（浜系）といい、これとは別に仙台市青葉区、加美町、登米市に異伝の法印神楽（異伝系）がある。せりふがなく刀や鉾で祈祷《きとう》をする舞と、せりふによってする舞がある。先行して行われていたのは異伝系で、江戸時代の18世紀後半以降に異伝系を母体に生まれたのが浜系とされる。浜系の代表として、雄勝法印神楽（石巻市雄勝町）が国指定重要無形民俗文化財に指定されている。

仙台領北部（岩手県南部）の胆沢郡（奥州市）周辺では江戸時代前期から異伝系、後期には浜系も行われた。現在、北上市等にある大乗神楽は異伝系から生まれたと思われる。

県北部で行われている南部神楽は法印神楽と岩手の山伏神楽をもとにして、江戸時代後期に神楽愛好者（農民）が始めた。法印神楽と同様の神事（神舞）だけでなく源平合戦等の時代物を劇にした段事（劇舞）があり、せりふ劇として人気の神楽である。

雄勝法印神楽（浜系）＝石巻市雄勝町

牡鹿法印神楽（浜系）＝石巻市

上沼加茂流法印神楽（異伝系）＝登米市中田町

中野南部神楽＝栗原市栗駒

大室南部神楽＝石巻市北上町

飯土井南部神楽＝登米市東和町

県南部で行われている十二座神楽にせりふはなく、祈祷の色濃い演目を洗練された曲に合わせ黙劇で演じる。古くは神職が行う社家系と法印（修験者）が行う修験系があった。仙台の十二座神楽はそれより南の地域よりもテンポが軽快で、大都市にふさわしい神楽とされている。

宮城県の法印神楽

区分	神楽名	伝承地域	現状
浜系	本吉太々法印神楽	気仙沼市	活動中
	本吉法印神楽	南三陸町戸倉	活動中
	柳津上町の法印神楽	登米市津山町	廃絶
	女川法印神楽	石巻市北上町	活動中
	皿貝法印神楽	石巻市皿貝（旧河北町）	活動中
	飯野川法印神楽	石巻市飯野川（旧河北町）	活動中
	後谷地法印神楽	石巻市小船越（旧河北町）	活動中
	福地法印神楽	石巻市福地（旧河北町）	活動中
	針岡法印神楽	石巻市針岡（旧河北町）	廃絶
	釜谷長面尾崎法印神楽	石巻市尾崎（旧河北町）	活動中
	雄勝法印神楽	石巻市雄勝町	活動中
	中津山の法印神楽	登米市米山町	廃絶
	大曲法印神楽	登米市豊里町	活動中
	上町法印神楽	登米市豊里町	活動中
	倉埣法印神楽	石巻市桃生町	活動中
	永井法印神楽	石巻市桃生町	中断
	寺崎法印神楽	石巻市桃生町	活動中
	樫崎法印神楽	石巻市桃生町	活動中
	小池法印神楽	石巻市桃生町	活動中
	神取給人町法印神楽	石巻市桃生町	活動中
	和渕法印神楽	石巻市和渕（旧河南町）	活動中
	鹿又法印神楽	石巻市鹿又（旧河南町）	活動中
	江島法印神楽	女川町	活動中
	小竹浜の法印神楽	石巻市	廃絶
	牡鹿法印神楽	石巻市	活動中
異伝系	上沼加茂流法印神楽	登米市中田町	活動中
	日高見流浅部法印神楽	登米市中田町	活動中
	薬莱神社三輪流神楽	加美町	活動中
	亀岡八幡宮三輪流神楽	仙台市青葉区	廃絶
	若宮神社三輪流神楽 八坂神社神楽	大崎市三本木・大崎市古川	廃絶
	大崎八幡宮の能神楽	仙台市青葉区	活動中

宮城県の南部神楽の分布

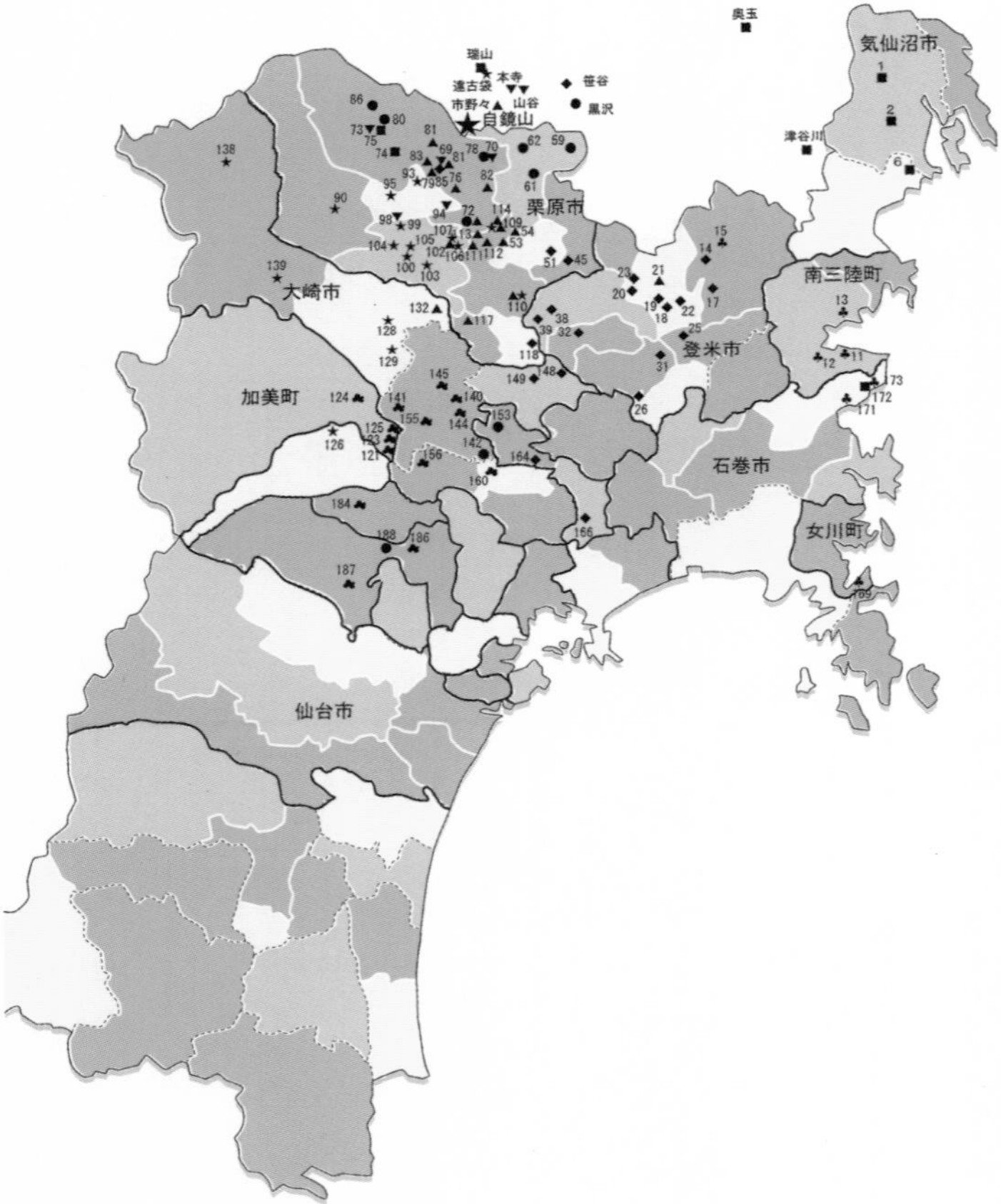

上方、中央やや左の星印は南部神楽の源流の地とされる自鏡山を示す。内陸部の栗原市栗駒・一迫・築館を中核に、そこから離れるに従い少なくなる。海岸部の石巻市は少なく、女川町（NO.169）が独立している。南三陸町（NO.11～13）、石巻市北上町（NO.171～173）を除き、浜の法印神楽とすみ分けられている。ドットの形に意味は含まれない。（笠原『南部神楽に親しむ』より）

宮城県の十二座神楽

市町	活動中	廃絶	計
富谷市	1	0	1
塩竈市	1	0	1
仙台市	8	12	20
名取市	4	0	4
岩沼市	1	0	1
川崎町	1	0	1
村田町	4	0	4
柴田町	4	2	6
大河原町	1	2	3
蔵王町	6	0	6
白石市	4	1	5
角田市	5	2	7
亘理町	1	2	3
山元町	4	0	4
丸森町	4	5	9
計	49	26	75

	グループ	主たる神楽	数	榊流
社家系	仙台通町系	通町熊野神社神楽（仙台市青葉区）	7	
	仙台丹波系	木下白山丹波神楽（仙台市宮城野区）	3	
	仙台丹波系＋熊野堂系	榊流青麻神社神楽（仙台市宮城野区）	4	2
	道祖神系	道祖神神楽（名取市）	5	
	熊野堂社家系	熊野堂神楽（名取市）	5	（榊流）
	熊野堂系＋法印神楽系	秋保神社神楽（仙台市太白区）	1	
修験系	熊野堂修験系	入間田榊流神楽（柴田町） 金津神楽（角田市）	36	11
	蔵王修験系	竹ノ内神楽（丸森町）	2	
計			63	13

左は市町村別、右はグループ別（不明を除く）。仙台市と名取市は社家系、名取市より南は修験系が多い

榊流永代十二座神楽（仙台丹波系）＝富谷市

熊野堂十二座神楽（熊野堂社家系）＝名取市

榊流大町十二座神楽（熊野堂修験系）＝白石市

◇田植踊

正月に田植を一団で模擬的に行う姿を踊にした芸能で、全国でも東北地方４県でしか行われて

秋保（湯元）の田植踊（早乙女田植）＝仙台市太白区

芋沢の田植踊（早乙女田植）＝仙台市青葉区（東北歴史博物館写真提供）

廿一田植踊（奴田植）＝気仙沼市（東北歴史博物館写真提供）

宮城県の田植踊

区分	系統	市町村	名称	弥十郎	鞨鼓	鈴振	早乙女	備　考
奴田植	奴田植系	仙台市泉区	泉の奴田植	2	8		3	鞨鼓＝躍人、エブリスリ 3＝太夫 1・弥十郎 2、奴 12・馬役 2、大正期に廃止
	役人田植系	仙台市青葉区	大倉	3			6	ｴﾝﾌﾞﾘ 1＝鬼人（えんぶり）
	気仙沼系	気仙沼市	新城	2	5			鞨鼓＝ﾔｯｻｶ
		気仙沼市	廿一	2	5			鞨鼓＝ﾔｯｻｶ
	狼河原系	登米市東和町	綱木	1	7			鞨鼓＝ﾔｯｻｶ
早乙女田植	秋保系	仙台市太白区	湯元	2		2	8 ～ 20	秋保の田植踊
		仙台市太白区	長袋	2		2	8 以上	
		仙台市太白区	馬場	2		2	8 ～ 20	
		仙台市青葉区	愛子	2		2	6 以上	
		仙台市青葉区	新川	2		2	6 ～ 8	
	芋沢・下倉系	仙台市青葉区	芋沢	2			10	獅子舞、早乙女＝男
		仙台市青葉区	下倉	4			6 ～ 7	獅子舞
	黒川系	仙台市泉区	大沢	2			4	早乙女＝男
		冨谷市	冨谷	2			5	獅子舞、かつて弥 1・早 2
		大郷町	羽生	2			5	
	県南系	川崎町	小野	2			13	
		蔵王町	小村崎					年間作業
		村田町	関場					
		角田市	北根	2			3	
		丸森町	青葉	2			6～ 10	口上 2
	加美・大崎系	大崎市	矢ノ目	1			5	
		大崎市	耳取	1			5	
		色麻町	清水	1			8	鳴り物なし
		加美町	中島	2			9	弥＝1 の記録あり
		加美町	月崎	1			9	
		加美町	青野	1			8	
	小島系	登米市	小島	2			7	弥＝判人（ﾊﾝﾄﾞ）

いない。青森県はこれとよく似た「えんぶり」がある。秋田県にこの種の芸能はない。

福島県140　宮城県26　岩手県97　山形県44　計307団体

宮城県を除いた3県は1年を通した米作りの作業を順序立てて模擬的に演じて踊が多い。ところが宮城県の田植踊は田植の動作を踊に仕立てたものが中心である。苗に見立てた持ち物（扇・綾竹《あやだけ》等）を替えながら大勢の早乙女が一斉に踊る早乙女田植が各地で行われている。他に奴《やっこ》田植といって、早乙女を囃《はや》す奴や舞手が手に持った柄付きの手太鼓をバチで叩《たた》く羯鼓《かっこ》を鳴らしながら踊る田植踊がある。早乙女田植の秋保の田植踊（仙台市太白区）は、昭和51（1976）年、岩手県の山伏神楽等と一緒に民俗芸能として最初に国指定となり、さらに平成21（2009）年にユネスコの無形文化遺産に登録された。

◇鹿踊

6人、多いもので12人が一団で行う鹿《しし》（獅子）の踊である。かつては盆に踊られた。鹿役は1人で1頭を演じるため1人立《ひとりだち》獅子舞ともいう。仙台市を中心に行われている仙台鹿踊（5団体）と旧仙台領北部（宮城県北部、岩手県南部）で行われている鹿踊（10団体）が活動している。仙台鹿踊は作祭として行われている。後者には行山流鹿踊と金津流鹿踊があり、現在はあまり行われていないが、かつては死者を回向《えこう》・供養する踊が特徴であった。

宮城県の鹿踊

系統			名称	所在地	現状	備考
仙台鹿踊	八幡堂系		川前の鹿踊	仙台市青葉区	活動中	
			本木鹿踊	仙台市青葉区	廃絶	
			宮町鹿踊	仙台市青葉区	廃絶	
			八幡町鹿踊	仙台市青葉区	廃絶	
			上谷刈の鹿踊	仙台市泉区	活動中	
			福岡の鹿踊	仙台市泉区	活動中	
			古内鹿踊	仙台市泉区	廃絶	
			朴沢鹿踊	仙台市泉区	廃絶	
			野村鹿踊	仙台市泉区	廃絶	
			西成田鹿踊	富谷市	廃絶	
			明石鹿踊	富谷市	廃絶	
	本砂金系		本砂金鹿躍（上組）	川崎町	活動中	桃生野系ともいう
			本砂金鹿躍（下組）	川崎町	廃絶	
			小野鹿躍	川崎町	廃絶	
			野口の鹿躍	仙台市太白区	休止	
	熊野堂系		熊野堂十二神鹿踊	名取市	活動中	屋代郷系ともいう
			荒浜磯獅子踊	仙台市若林区	廃絶	
			蒲町の鹿踊	仙台市若林区	廃絶	
			多賀城鹿踊	多賀城市	復活	
旧仙台領北部の鹿踊	行山流	栗原五鹿	栗原鹿踊	栗原市栗駒	活動中	
			清水目鹿踊	栗原市一迫	活動中	
			真坂鹿踊	栗原市一迫	活動中	
			鶯沢鹿踊	栗原市鶯沢	活動中	
			花山金沢鹿踊	栗原市花山	廃絶	
		佐沼系	佐沼南方鹿踊	登米市迫町	復活	
			佐沼北方鹿踊	登米市迫町	廃絶	
			新田鹿踊	登米市迫町	廃絶	
			藤沢鹿踊	栗原市瀬峰	廃絶	
		山口派	早稲谷鹿踊	気仙沼市	活動中	
			上八瀬鹿踊	気仙沼市	廃絶	
			武鎗鹿踊	栗原市若柳	活動中	
			大川口鹿踊	栗原市一迫	廃絶	
			鶯鹿踊	栗原市金成	廃絶	
			畑岡獅子躍	栗原市若柳	廃絶	
			大林の鹿踊	栗原市若柳	廃絶	
			鬼首鹿踊	大崎市鳴子温泉	廃絶	
			上野目鹿踊	大崎市岩出山	復活中	
			下ノ目鹿踊	大崎市岩出山	廃絶	
			上真山鹿踊	大崎市岩出山	廃絶	
			雨生沢鹿踊	大崎市古川	廃絶	
			伏見鹿踊	大崎市古川	廃絶	
			保柳鹿踊	大崎市古川	廃絶	
			新田鹿踊	大崎市古川	廃絶	
			北浦鹿踊	美里町小牛田	廃絶	
			黒沼鹿踊	登米市中田町	廃絶	
			鹿妻鹿踊	東松島市矢本	復活	
			雄勝鹿踊	石巻市雄勝町	廃絶	
			水戸辺鹿踊	南三陸町戸倉	復活	
			入谷鹿踊	南三陸町入谷	廃絶	
	金津流		松山金津流獅子躍	大崎市松山	復活	
			次橋鹿踊	大崎市松山	廃絶	

◇獅子舞

２人で１頭の獅子を演じる２人立《ふたりだち》獅子舞は宮城県内２２０カ所で行われている。最も多いのは

福岡の鹿踊（八幡堂系）＝仙台市泉区

清水目鹿踊（行山流栗原五鹿）＝栗原市一迫

早稲谷鹿踊（行山流山口派）＝気仙沼市

新春に豊作や大漁、厄除を祈願する春祈祷の獅子舞で、これが120カ所もある。東松島市矢本から石巻市河北町にかけての海岸部に多い。この他、祭礼で悪魔払いとして神輿《みこし》を先導する獅子舞等がある。

2人立獅子舞は東アジアで多く見られ、その大半は邪気を祓《はら》うためとされる。日本には古代に中国から伝わったとされる。対して1人立の鹿踊は日本でのみ行われている。この鹿踊が2人立獅子舞から派生した固有のものか、あるいは獅子舞以前から行われているものかについては議論が分かれている。

◇剣舞

剣を持って、精霊供養として大勢で踊る。地面を力強く踏み締める動作があり、これにより邪気が払われるという。仙台市内に3組あり、これらはいずれも仙台鹿踊と一緒に盆の芸能として行われることが特色である。この他、岩手県に123組、青森県東南部に22組ある。この地域の剣舞は単独で行われている。

第2章　仙台城下における芸能

1　城下での興行

江戸の落語家、船遊亭扇橋《せんゆうていせんきょう》は寄席興行などをしながら東北地方を旅し、『奥のしをり』という日記を残した。天保12（1841）年10月に仙台に着き、早速、寄席興行の相談をした。そこに当地の芸能状況が詳しく記されている。長くなるが興味深いので以下に引用する。

（天保12年10月）29日早朝、（大町5丁目の目明し、鈴木）忠吉殿の身内の鈴木屋亀吉という十人組の方、同じく（十人組）亀吉殿の弟で八百善源六殿の2人が来たので相談し、11月3日から新伝馬町の後藤屋で20日間興行することを決めた。願主（興行許可願の出願者）は信濃屋善左衛門である。当地では講談・落語・そのほかの諸芸の願主は三願主といって、小竹屋長兵衛、信濃屋善左衛門、真壁屋新蔵の3人が務めた。

芝居（の願主）は三太夫といわれる3人で、彼らは「歌舞伎は禁止されているので、江戸から（歌舞伎）役者が来ても腰に人形の面をつけて操り人形芝居（腰人形歌舞伎）といって行う。舞台には5人より多くは出られないため芝居が大詰めを迎えて大勢が出てもセリフのない役者は後ろ向きになるほかない」という。

（操り人形芝居には）浄瑠璃、豊後節、新内節、説教節など三味線弾きが必要だが、検校様の門人でないと興行ができない。我らより先に女浄瑠璃の津賀多が国分町で興行していたし、新内節の吾妻路冨士太夫は肴町で興行していた。説教節と浄瑠璃の薩摩千賀太夫、同じく伊久太夫は南町で興行していた。そのほか八人芸、奥州浄瑠璃がそれぞれ興行していた。
（筆者口語訳）

ここに記された仙台城下の芸能事情をまとめると以下である。

講談・落語・そのほかの諸芸　三願主（小竹屋長兵衛、信濃屋善左衛門、真壁屋新蔵）が興行を統括している。

芝居興行　三太夫と呼ばれる3人が統括している。歌舞伎は不許可で操り人形芝居が許されている。舞台に出られるのは5人までで、それ以上の人数が出たらせりふのない役者は後ろを向いて、いないことにする。

三味線弾き　検校《けんぎょう》の門人でないと興行できない。検校は当道という男性盲人の自治的な互助組織の統率者である。当道に属した盲人は三味線や琵琶、鍼灸《しんきゅう》の業績により盲官位が与えられた。仙台藩は盲人の生業を保護していた。

城下で行われていた興行

女浄瑠璃　国分町
新内節　肴町
説教節・浄瑠璃　南町
八人芸、奥州浄瑠璃

浄瑠璃は三味線を伴奏にした語り物で、多くの流派があった。単独でも興行するし、歌舞伎や人形劇などの芝居に演奏される劇場音楽としても用いられた。現在、浄瑠璃といえば義太夫節を指すが、義太夫節は浄瑠璃の一つの流派で他に清元節、新内節などがあった。女浄瑠璃は女性が語る浄瑠璃だがこの頃の女浄瑠璃は義太夫節を語っていた。肴町で興行していた新内節は座敷で行われる浄瑠璃として流行し、江戸情緒を代表する庶民的な音楽として知られる。説教節は神仏の縁起などの語りに三味線等を取り入れて歌謡化した芸能である。

奥州浄瑠璃は、義太夫節が登場する貞享年間（１６８４~88年）以前に行われていた浄瑠璃の系譜を引く。これを古浄瑠璃といっている。義太夫節に押されて他地域の古浄瑠璃は次第に姿を消した。しかし、仙台など奥州の地では盲人たちが扇拍子、琵琶、三味線などを演奏しながら古浄瑠璃を語り続けた。宮城県では昭和20(１９４５)年前後まで伝承されていたことが確認されている。これを奥州浄瑠璃、奥浄瑠璃あるいは御国浄瑠璃という。

八人芸は１人で８人分の楽器の鳴り物や声色《こわいろ》などを聞かせる芸能で、盲人の芸とされることが多かった。現在、この芸を行う芸人はいない。

操り人形芝居はいわゆる人形浄瑠璃のことで、これを上演する芝居興行は藩によって大きく制限されており、公式には常設の芝居小屋もなく、舞台に上がることができる人数も船遊亭扇橋の日記によれば５人までとされていた。願主として芝居を統括した三太夫は後述するように常盤大夫、長門大夫、加美大夫の３人である。彼らが藩の許可を得て芝居興行を行っていた。また、仙台藩では江戸庶民に流行した歌舞伎の上演を禁止したため、操り人形芝居が藩内の芸能にとって重要な位置を占めた。これについては次項で詳しく触れる。

２　操り人形芝居と歌舞伎

操り人形芝居は三味線で語る浄瑠璃に合わせて舞台で演じる人形劇のことである。一般には人形浄瑠璃という。江戸時代以降、いくつかの系統があったが、現在では、唯一の人形劇である「文楽」と同じ意味になっている。江戸時代は操り浄瑠璃とも呼んでいた。

この芸能は安土桃山時代末期、浄瑠璃の伴奏楽器が琵琶から三味線に変わり、それが人形遣いと出会って成立した。貞享元（1684）年、竹本義太夫が劇的な語り物としての義太夫節を確立し、以後、浄瑠璃の主流となった。そのため竹本義太夫が大坂・道頓堀に竹本座を創設する貞享元（1684）年以前の浄瑠璃を古浄瑠璃（前項で触れた奥州浄瑠璃はこれに該当）という。義太夫節は諸派浄瑠璃の曲節のほか、謡曲、狂言小歌、平曲（琵琶を使った『平家物語』の演奏）、説経節なども取り入れ、当時の音曲を集大成したものであった。

元禄期（1688〜1704年）、大阪に近松門左衛門という不世出の人形浄瑠璃作者が現れ、義太夫節に合わせた彼の作品が大阪・竹本座で上演された。近松の作品は大いに評判となり、人形浄瑠璃だけでなく歌舞伎でも上演された。

大阪の芝居は人形浄瑠璃が主であったが、江戸で芝居といえば歌舞伎が中心であった。江戸の芝居小屋は延宝の初め頃（1670年代）までに中村座、市村座、森田座、山村座の4座が幕府から公認され、山村座が正徳4（1714）年に取り潰《つぶ》されると、以後、幕末まで公認の芝居小屋は3座であった。

江戸時代後期、文政8（1825）年に「諸国芝居繁栄数望《くにぐにしばいはんえいすもう》」が制作され、全国の芝居小屋が相撲にならって番付された。全国132カ所の芝居小屋が東西に分かれて記されている。多いのは江戸、大坂、京の三都と名古屋など地方の大都市である。三都では寺社境内から離れた芝居小屋もあるが、寺社境内や門前も32カ所、約24％あり、地方の芝居小屋がこれまでのような寺社境

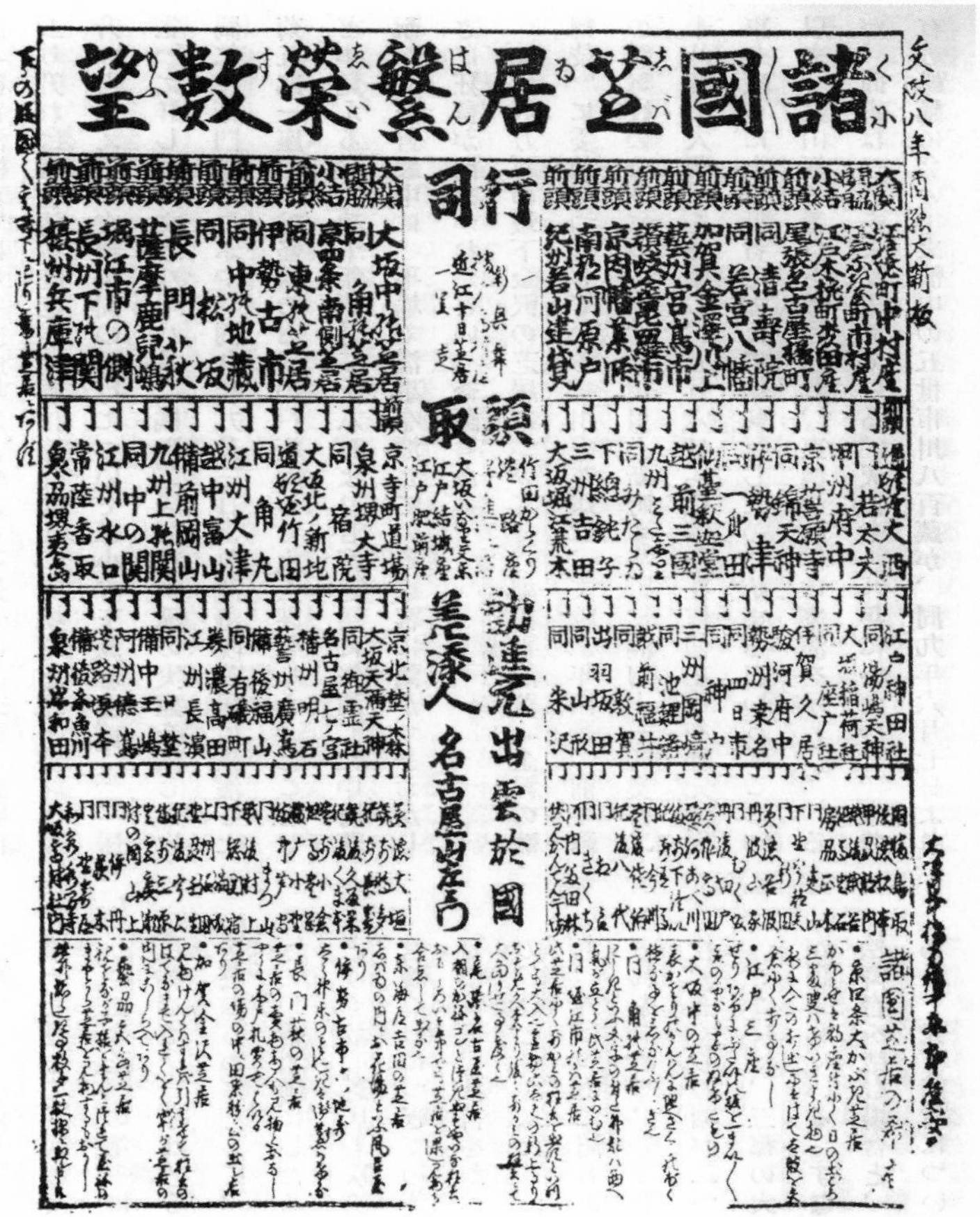

文政八年板＜諸国芝居繁栄数望＞　（庵逧『藝能史研究第 20 号』より）

「諸国芝居繁栄数望」に番付された釈迦堂は、仙台藩第４代藩主伊達綱村公が生母である三沢初子の冥福を祈るために元禄８（1695）年、現在の仙台市宮城野区榴ケ岡に建立した。堂は昭和48（1973）年に近くの孝勝寺に移されたが、綱村公が建立した石碑（図中の中央左端）は旧所在地（現在はみやぎＮＰＯプラザ、婦人会館）に残る。
釈迦堂境内は仙台藩が公認した六ケ所神事場の一つで、祭日は４月８日。中央の柵に囲われた大きな建物が釈迦堂、その右上に芝居小屋がある。芝居小屋のすぐ右にある高い建物は櫓（やぐら）で、上部が幕で覆われている。幕に○が２つ見える。これは芝居座元（興行主）の定紋で、座元が興行を許された目印であった。櫓には太鼓が置かれ、興行がある日は開場前に寄せ太鼓、興行が終わると跳ね太鼓がたたかれた。（「釈迦堂（部分）」『仙府神社仏閣案内記、仙台市博物館蔵・写真提供）

内から離れて都市に単独で設置されだしていることが見て取れる。東方（右側）の大関、関脇、小結に中村座、市村座、森田座の幕府公認の江戸三座があり、東前頭17枚目（2段目右から8枚目に仙台釈迦《しゃか》堂が番付されている。これが東北地方の最上位で、東北は他に東の3段目左端に「出羽坂田（酒田）」、「出羽山形」、「出羽米沢」が掲げられている。山形の芝居は3カ所も番付されており、その繁栄が特筆される。

3　仙台城下の繰り人形芝居

仙台城下では3人の役者が操り芝居を行う権利を持っていた。これを三太夫といい、幕末の史料『奥陽名数』によると「常盤大夫、長門大夫、加美大夫」の3人で、彼らは順番に六ケ所神事《ろっかしょしんじ》場《ば》で晴天10日ずつの操り人形芝居興行を許されていた。六ケ所神事場は「木下白山宮祭日3月3日、釈迦《しゃか》堂榴ケ岡4月8日、躑躅岡《つつじがおか》天神6月15日、荒町毘沙門天6月朔日《さくじつ》、大崎八幡宮8月15日、東照宮9月17日」である。晴天時に10日ずつ、年6カ所で行われたので、仙台城下で芝居は年60日の興行であった。六ケ所神事場では芝居のほか角力《すもう》や小見世物も行われた。

現在のところ、三太夫が芝居興行を許されたのは、仙台東照宮の祭礼を記した史料「仙岳院日鑑 文政10年2月条」に明暦年中（1655～1657年）とあるのが最も古いものである。

三太夫が興行を許されたのは、御先代様（2代藩主伊達忠宗）が崇敬された御趣意によるもので、明暦年中に許され、仙台東照宮の神事で初めて芝居興行が行われて以来、生業として相続されている。（筆者口語訳）

当時、操り人形芝居は祭礼以外でも行われた。四代藩主伊達綱村公は貞享2（1685）年7

月16日、伊達将監の屋敷で獅子躍《おどり》と「アヤツリ（操り人形芝居）」を見ている。操り人形芝居は一般的に人形浄瑠璃をいうが、仙台藩では操り人形芝居と称して実際は禁止されていた歌舞伎を上演することがあった。いつ禁止されたのかはっきりしないが、享保9（1724）年12月の「公儀御触御国制禁」に「歌舞伎等に紛れて田植踊を行うことを禁ずる」とあるので、この時はまだ歌舞伎上演は許されていた。その後、操り人形芝居と称して役者が腰に人形の面を下げて歌舞伎を演じる腰人形歌舞伎が行われた。これは寛延3（1750）年頃に始まったと推測できる話が各地の出来事を記した『源貞氏耳袋』にある。

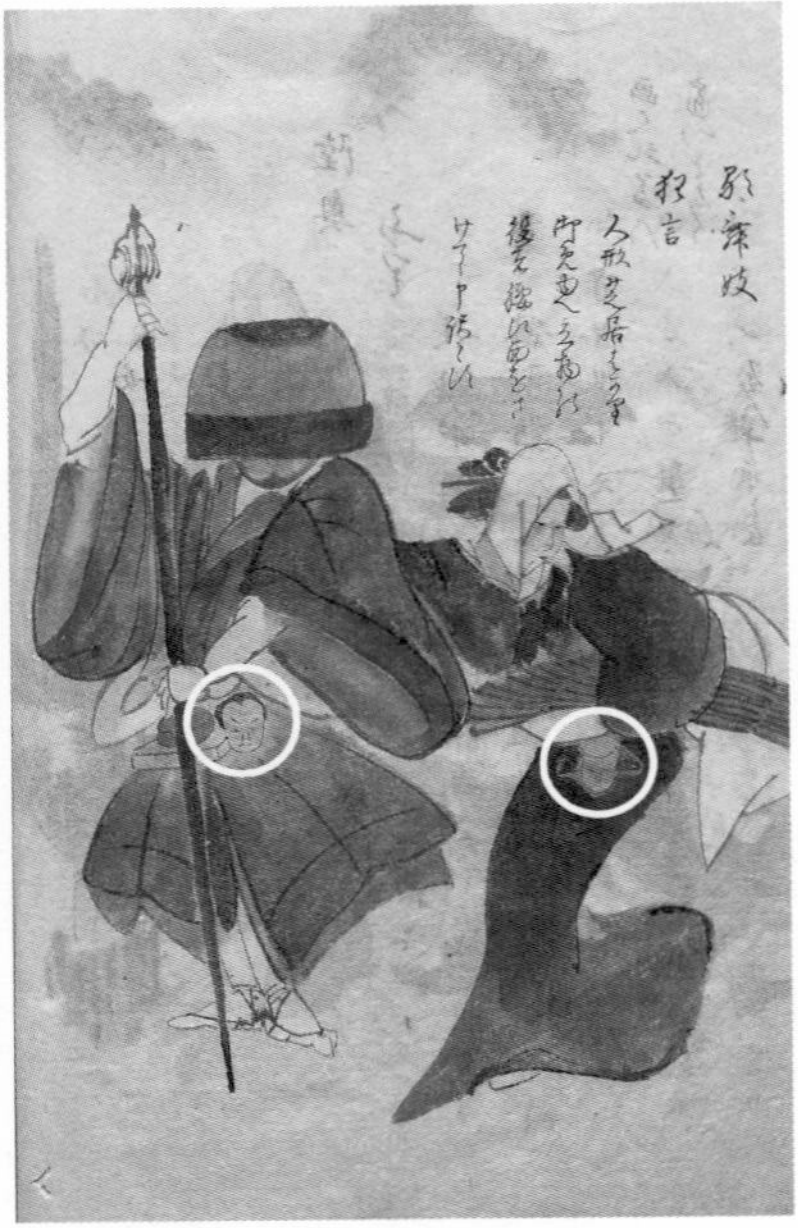
腰人形歌舞伎　江戸時代後期。○印が人形芝居の面（『視聴草』より、国立公文書館蔵・写真提供）

神社仏閣祭礼において、賑《にぎ》わいのために腰人形歌舞妓が御城下で免されたのは、寛政12（1800）年より50年も前のことである。これは今年で70余才になる老人の話である。寛政の初頃は右の芝居（腰人形歌舞妓）も一切が禁じられていたが、同9（1799）年6月、毘沙門の祭

礼から元のように免された。（筆者口語訳）

江戸時代後期に記された『視聴草《みききぐさ》』という冊子に「歌舞妓・狂言」は「人形芝居ばかり免されている故に立物《たてもの》の役者（中心となる役者）は腰に面を下げて申訳（言い訳）とする（筆者口語訳）」と記されている。庶民が歌舞伎に熱中して祭礼が無秩序になることを懸念したのであろうが、歌舞伎が爛熟《らんじゅく》する江戸時代中期、操り人形芝居（腰人形歌舞伎）も禁止と緩和が繰り返された。宝暦３（１７５３）年の神事場の芝居で禁止され、４年後の宝暦７（１７５７）年に緩和され、寛政３（１７９１）年に再び規制された。そうして寛政９（１７９７）年に再び緩和され、以後は幕末まで緩和状態が続いた。

第3章　法印神楽の変化

1　神仏分離後の神社名や祭神の変更

神仏分離は神と仏を一体とする江戸時代までの扱いをやめ、神を中心として神道と仏教、神と仏、神像と仏像、神社と寺院、神職と僧籍をはっきりと区別することである。神道重視の考えは江戸時代中期以降、儒家の神道や本居宣長、平田篤胤らによる国学・復古神道に見られ、それを明治維新後の新政府が政策的に推し進めた。この背景には王政復古、祭政一致の理想を実現するため、諸国の神社を宗教としてではなく、国家が行う祭祀《さいし》の場として国等の行政が管理するという政府の方針があった。以下に神仏分離の過程を見ていく。

①　王政を古へに復し、行政府に神祇官を再興する宣言

太政官布告《だじょうかんふこく》　慶応4（1868）年3月13日

この度の王政復古は初代、神武天皇の治績に基づいて諸事を一新し、祭り事と政治を一致させる制度を回復させる。その第一に祭り事をつかさどる神祇官《じんぎかん》を再興してだんだんに神武天皇が行われた諸祭典も再興させる。よってこの旨を諸国に伝える。往古に立ち帰るにあた

り、これまでのように公家が神社の意を取り次いで朝廷に奏上する制度はやめにし、諸神社、神主、禰宜《ねぎ》、祝《はふり》、神部《かんべ》にいたるまで、以後は神祇官附属となる。そのため官位を得ることをはじめ、諸事は神祇官へ直接、願い立てを行うものと心得ることである。（筆者口語訳）

今後は祭り事と政治を政府が行うとする明治新政府の基本方針である。初代神武天皇の治績に基づいて諸事を一新し、祭り事をつかさどる神祇官を再興して、諸祭典も再興させる、とした。明治維新は政治・社会を西洋風に改革するという制度の改革だけでなく、日本国の始まりに戻るという古《いにしえ》の精神への回帰も意図していた。

②　僧籍のまま神社に仕えることの規制

神祇事務局より諸社へ達　慶応4（1868）年3月17日

今般の王政復古は古い習慣や制度にとらわれずにそれをきれいに洗い流すものである。そのため諸国でまつる大小の神社において僧の姿で別当あるいは社僧と唱える者は、こののち僧をやめて俗人に戻るべきこととする。もし、俗人に戻ることに差し支えがある者は申し出なければならない。このことをよく心得ることである。（筆者口語訳）

明治維新以前、一部の例外を除き神社の多くは別当を務める仏教寺院や修験院の支配下にあった。別当・社僧が神をまつり財政を管理し人事を差配した。神と仏は同列にまつられ、神殿と仏堂が同居し神殿に仏像・仏器が置かれ僧侶が神に奉仕し、神前で読経するのが普通の光景であった。この達しにより神社に僧形であるいは社僧として仕えることが禁じられた。

③ 仏教語を用いた神号、仏像を神体とする神社の規制

神祇官事務局達　慶応4（1868）年3月28日

一少し前の時代以来、某権現あるいは牛頭天王《ごずてんのう》（病気をつかさどる神）の類、そのほか仏教語を用いて神号とする神社が少なからずある。これらの神社はいずれもその由緒を詳しく書き出して、早々に申し出なければならない。

ただし天皇から派遣された使者が執行する祭祀を行う神社、天皇の自筆の文書、天皇直筆の神社額等を所持する場合はこれも伺い出すこととしその上で裁定する。それ以外の神社は裁判、鎮台、領主、支配頭等へ申し出なければならない。

一仏像を神体とする神社は以後、改めなければならない。合わせて本地（この世にいる神のあの世での姿）と唱えて仏像を社殿に掛け、あるいは鰐口《わにぐち》、梵鐘《ぼんしょう》、仏具等を社殿に安置している分は早々に取り除かなければならない。右のとおり命じる。（筆者口語訳）

仏教語を神号に用いている神社は由来を記した書を提出すること、及び神社・神前から仏教的要素の排除を命じたものである。中世以来の神仏習合時、神道では、仏が衆生を救うためにこの世に神として現れるとする考えがあり、その神には古事記・日本書記に記されておらず、中世以後、日本に出現した神もいた。これらの多くは権現と称された。山王権現、春日権現、熊野三所

権現、羽黒三所権現、熱田権現、蔵王権現、金毘羅権現などである。東照大権現も同様である。東照大権現は江戸幕府の初代将軍・徳川家康の神号である。この神号は神道優位の立場から大明神とする意見もあったが、家康の信任厚かった天台宗僧・天海僧正（１５３６〜１６４３年）が山王一実神道（天台宗の神道説）の立場から権現を主張して認められたものであった。

牛頭天王はインドにおいて釈迦《しゃか》の修行道場である祇園精舎《ぎおんしょうじゃ》の守護神とされ、それが中国を経て日本に現れると、陰陽道《おんみょうどう》と関わりを深めて暦をつかさどる神となり、さらには疫病を退治する荒ぶる神になった。そのため病気快癒を願って牛頭天王を祭神とする祇園社が各地に勧請された。牛頭天王は疫病除け護符の由来を説いた蘇民将来伝説を通して記紀神話を代表する荒ぶる神の素戔嗚尊《すさのおのみこと》と同体とされた。そのため牛頭天王をまつる神社はこの度の命を受けて、祭神を素戔嗚尊、社名を八坂神社、津島神社、八雲神社、八重垣神社、須賀神社等に変更された。

④　神社の仏像・仏具を取り除く際の粗暴行為を規制

太政官布告　慶応４（１８６８）年４月10日

諸国における大小の神社のうち仏像を神体とし、または本地と唱えて仏像を社殿に掛け、あるいは鰐口、梵鐘、仏具等を社殿に安置している分は早々に取り除いて改めるべき旨が過日に出された。しかるに昔から社人と僧侶の関係は良くなく、それは同じ器に入らない氷と炭の如しである。神仏分離の今日に至って社人たちはにわかに権威を得て、表向きは政府の意向と称し、実はこれまで受けた私憤をかえすような所業をするに至っては政道の妨げになるのみならず、争いを引き起こすもとである。そうなっては決まりがつかなくなるため、よく心を配って穏やかに取り扱うのはもちろんのことである。僧侶にしても生業の道を失うことなく、国家のためになるよう、精いっぱい心掛けることである。かつ社人は神社にある仏像・仏具を取り除くにしても、ひとつひとつ取り計らいについて伺い、指図を受けるべきである。もし今後、心得違いをして粗暴な振舞《ふるまい》等があれば必ず処罰されることになる。（筆者口語訳）

神社から仏像・仏具を取り除く時に粗暴な振舞を禁じたもので、過激な廃仏毀釈《きしゃく》を戒めた布告である。神仏分離の影響を受けて、現実には多くの仏像が破壊され、寺院が廃寺になった。宮城県では鹽竈《しおがま》神社（塩竈市）、亀岡八幡宮（仙台市青葉区）、愛宕神社（仙台市太白区）等の有力神社別当寺を務める伊達家の祈願寺（檀家を持たない寺院）等が廃寺になっている。

2　維新後の神社祭祀

明治4（1871）年5月14日に布告された「官社以下定額及び神官職員規則等」は平安時代の延喜式以来、しばらくぶりに行われた神社の格付けであった。国家が祭るべき官・国幣社を定め、その次に府藩県社、郷社《ごうしゃ》、村社を置いた。そうして同時に出された布告で、伊勢神宮以下すべての神社で神職の世襲が禁じられた。これにより全国の神社と神職は国家機関に属することになり、官・国幣社は中央政府の神祇官《じんぎかん》、府藩県社以下は地方組織の管轄とされた。また、官・国幣社には宮司・禰宜《ねぎ》等、府藩県社・郷社には社司《しゃし》及びそれを補佐する社掌《しゃしょう》、村社以下には社掌が置かれ、神社の社格により神職の称号や人数が異なることになった。

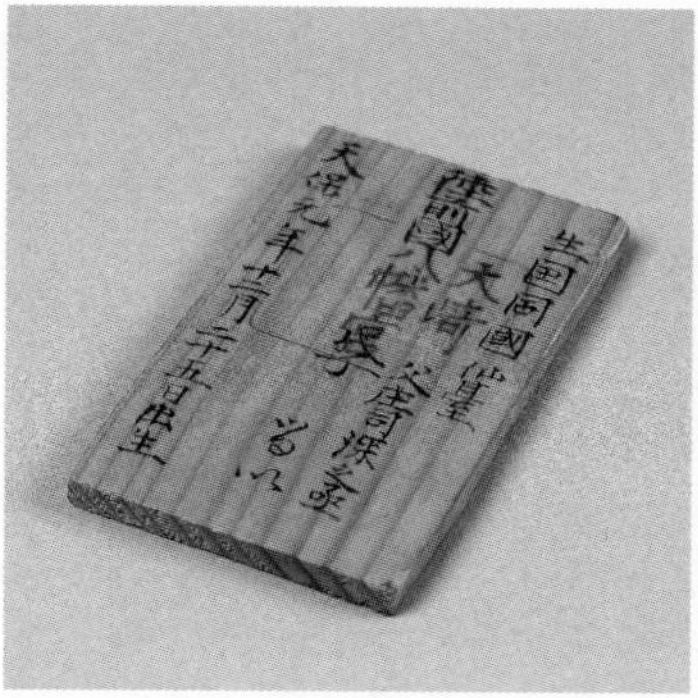
守札（氏子札）　大崎八幡宮（仙台市青葉区）が天保元（1831）年12月25日出生した、庄司るいに対して、明治4（1871）年12月発行したもの。木製、大きさは縦91ミリ、横56ミリ、厚さ6ミリ（仙台市歴史民俗資料館蔵・写真提供）

　また、同年（明治4年）7月の「大小神社氏子取調規則（氏子調規則）」において新生児は、戸長に届けてその証書を持って郷社（村社）に詣で、守札《もりふだ》（氏子札《うじこふだ》）を受けることが義務付けられた。それ以前に生まれた者も同様の手順で神社の氏子として登録され守札を受けた。登録を行う神社は村氏神《むらうじがみ》（産土社《うぶすなしゃ》）ともされ、生まれた土地の守護神とした。これは氏の祖先神・守護神とは異なる。この氏子調は出産証書の意味があり、6年ごとの戸籍調べで守札が調べられた。江戸時代に寺院が行った寺請制度に替わるものだが、行政の戸籍制度が整備され、2年後の明治6（1873）年に停止された。だが、村ごとに村氏神を定めた氏子制度は終戦まで続いた。

なお、村氏神には郷社と村社があった。郷社は郡もしくは数カ村単位で置かれた行政組織である区ごとに定められ、同一区内に有力社が複数ある場合は、最も主要な神社を郷社とした。社格は県社に次いだ。村社は1村ごとに置かれたもので、もっとも数が多い。村氏神をまつる神社で、制度化された当初は郷社の付属とされ、村社の出産証書も郷社が管理した。しかし、次第に独立した社格となり、住民にとって身近な存在として地域において近代社格制度を支えた。

3　江戸時代の法印と神楽

古代仏教で法印は僧侶に与えられた僧位の最上位であり、この下に法眼《ほうげん》、法橋《ほっきょう》があった。中世以降は医師、絵師、儒者、仏師、連歌師等にも与えられた。村里に住む修験者もこう呼ばれ、江戸時代、仙台藩では修験者は「法印さん」と親しみを込めて呼ばれていた。明治維新後に修験者をやめ、神社奉仕に専念する神職に変わっても、「法印さん」の愛称は引き継がれた。

江戸時代、法印（修験者）は本山派（天台宗系）、羽黒派（天台宗系）、当山派（真言宗系）のいずれかに属し、本山派は聖護院（京都府）、羽黒派は羽黒山荒澤寺《こうたくじ》（山形県）、当山派は醍醐寺三宝院（京都府）等、各本山の統制を受けた。また仙台藩では県南部の本山派は東光院（角田市）や宗吽院《そううんいん》（丸森町）、県北部の本山派と羽黒派は主に良覚院《りょうがくいん》（城下・仙台市青葉区）、当山派は古川寺《こせんじ》（大崎市古川）の支配下にあった。県南部は本山派が圧倒的に多く、県北部は概して羽黒派が多い。法印神楽の伝承地域は郡により違いがあり、登米郡、本吉郡は羽黒派、桃生郡と牡鹿郡は本山派が多い。

江戸時代の宮城県域における修験院

郡	本山派	羽黒派	当山派	計	村数
伊具郡	46	1	0	47	36
刈田郡	26	7	0	33	33
柴田郡	27	6	0	33	35
亘理郡	18	1	0	19	31
名取郡	42	5	0	47	62
仙台城下	52	3	8	63	0
宮城郡	31	3	9	43	91
黒川郡	4	14	9	27	48
加美郡	5	20	5	30	50
志田郡	7	17	12	36	65
玉造郡	5	9	0	14	21
遠田郡	6	27	14	47	60
栗原郡	26	65	4	95	98
登米郡	7	29	0	36	26
桃生郡	37	12	1	50	71
牡鹿郡	29	2	0	31	61
本吉郡	36	42	0	78	33
計	404	263	62	729	821

（伊藤『東北文化研究室紀要第 41・42 集』より作成）

法印（修験者）は定住して

いる地域社会において、病気治癒や安産、住居新築・井戸掘り等、290種にも及ぶ加持祈祷《きとう》、別当を務める神社や一族や各家でまつっている小祠《しょうし》の祭祀《さいし》、正月の歳徳神や恵比須大黒の配札、村人の熊野参詣や羽黒参詣の先達《せんだつ》（現代ならばツアーコンダクター）などの諸活動を行い、山伏のいうことは何でも聞いたといわれるほど、村の指導者として敬われた。

民俗芸能研究の大家・本田安次（1906〜2001年）は、昭和初期に石巻の旧法印から往時の活動について聞き取りを行った。それによれば「別当を務める神社の祭礼には近隣の「法印達《たち》が互に集い、祭式を執り行ったというが、その祭式も、先《ま》づ鐘を鳴らし、般若心経（摩訶般若《まかはんにゃ》波羅蜜多心経《はらみったしんぎょう》）を一斉に読誦《どくじゅ》し、懺悔文《さんげもん》（罪を悔いて許しを乞う章句）を唱え、仏法僧の三度の礼拝（三礼文を唱えて仏法僧を礼拝）をなし、臨兵闘者皆陣烈在前《りんぴょうとうしゃかいじんれつざいぜん》の九字の印（九字は除災戦勝等を祈る呪法。印は手の指を組み合わせて仏の加護を祈る密教の祈祷）を結び、それぞれに何々僧婆訶《そわか》の文（祝福あれの意を込め呪文のあとに唱える章句）を唱えて祈祷する等が行われた」。江戸時代に修験者が別当を務める神社で行っていたのは仏教色が濃い祭りの儀礼であった。

この祭式に続いて神楽組を組織している法印たちは拝殿内、あるいは拝殿前等に設《しつら》えた舞台で神楽を行った。その神楽の中で湯立《ゆだて》は祈祷・祭式の一つとされた。釜に沸きたぎらせた湯を神々に献じ、合わせて四方の人にも湯を振りかけて清め、演者が神懸かりして神々の託宣を乞う神事であった。湯立による託宣は神の言葉を聞く機会であった。そのため、かつては法印神楽で重視され、神楽を演じても湯立をせねば加持祈祷の効果なし、とされた。

法印神楽で現在、湯立が行われるのは上町法印神楽《かんまちほういんかぐら》（登米市豊里町）と雄勝法印神楽（石巻市雄勝町）である。なお、若宮八幡神社（大崎市三本木、現在も実施）や飯豊神社《いいとよじんじゃ》（加美町東小野田、廃止）など、大崎・加美地域の数カ所の神社で行われていた。これらの湯立は三輪流といわれており、薬莱神社三輪流神楽（加美町小野田）の湯立と同じものが神事として独立したと思われる。

4　法印神楽の変化の前提

東北大学で修験道を研究していた伊藤辰典氏によれば、江戸時代に現在の宮城県域にあった修験院は７２９、村数を８２１とすると一村に平均０・９、ほぼ１村に１院である。江戸時代後期の各種統計を記した『奥陽名数』によれば、仙台領内の村は１０１８カ村、寺は１７０６寺、惣人員63万９０７０人、出家（僧侶）２５７１人、山伏（法印・修験者）は１６８１人、神職は神主12人、禰宜《ねぎ》６人、社人49人、蛭子社人《えびすしゃ》１人、神職人39人、社家61人で合わせて１６８人である。当時の村は、現在のイメージではおおよそ大字ほどの範囲である。その一つの村に寺院が平均1・67、出家者（僧侶）は平均2・52人、山伏は1・65人である。『奥陽名数』には修験院の数はない。修験院には当主と後継者など1院に複数の山伏がいたことも考えられるので、この史料でも1村1院に近かったことは推定できる。それでも寺請制度下で村民の動静を管理して、行政を担っていた寺院の僧侶よりわずかに少ない程度なのは、山伏がいかに村に溶け込んでいたかを表している。

江戸時代の神社数はよくわからないため、「宮城県史料7」で、明治10（1877）年の数（明治9年に廃止された磐井県のうち陸前国の神社数を加算）をみると、国幣中社2、県社7、郷社26、村社675、無格社1603で計2295社である。ちなみに「全国神社祭祀《さいし》祭礼総合調査」（神社本庁実施）による平成7（1995）年時の宮城県の神社は975で、明治10年に比べると半分以下に減っている。明治10年の神社数をこの頃の村数（明治12年、915村）で計算すれば1村あたり平均2・5社である。江戸時代もこれに近いとすると、それに関わる江戸後期の神職は168人であり、圧倒的に少ない。他は法印（修験者）が仏教と神道に仕えながら奉仕していた。しかし、明治維新後に神と仏が分けられ、仏教と神道混然一体の宗教、修験道は身体を二つに裂かれることになった。

当初、神祇官《じんぎかん》では修験道について、神道と仏教のどちらで扱うべきかについてはっきりした方針がなく、取り扱いに苦慮していた。そこで、明治3（1870）年6月27日に神祇官から弁官

（太政官）に次の伺いが出された。

修験道の扱いをめぐり、藩・県から伺いが出されているが、第一に両部習合の身分であるため、修験道の者を当神祇官の指揮と致すべきでないのはもちろんであるけれども、神仏の両部を分けるのは、御一新以来、当神祇官が行うものである。しかし、修験道の指図は行うのが難しく、神と仏を取り分ける方針を立てられず、修験のことについては、当神祇官においては、はたと行き詰ることである。よって修験道の者への処置について伺いたいところである。（筆者口語訳）

これに対して弁官（太政官）は2日後の6月29日、修験者は仏徒、すなわち寺院の扱いとする決定を神祇官に伝えた。

修験道当山派の本山である醍醐寺三宝院を初めとする修験道の者に追々、仏の道に入らせる儀礼を行うことは真言宗の宗門から願いが出され許されている。これにより修験道の者はすべて仏徒と心得るべきものである。（筆者口語訳）

これにより法印（修験者）は正式に僧侶と認定された。衝撃はこれだけではなかった。2年後の明治5（1972）年9月15日に修験道を廃止するという布達が出された。

修験宗は今より廃止され、本山派、当山派、羽黒派の修験院は従来の本寺が所轄しつつ、天台宗・真言宗の両本山へ帰入すべきことを仰せ付けられた。各地方官においては、この旨を

心得、管内の寺院へ周知すべきものである。（筆者口語訳）

これにより、法印（修験者）は①仏教に仕える者として天台宗もしくは真言宗の寺院の僧侶になる②還俗《げんぞく》して奉仕を行っていた神社の神職になる③廃業して宗教者をやめる―の三つから今後の選択を迫られることになった。この時に宮城県内で神社を選んだ修験院は729のうち178院で24・4％とほぼ4人に1人であった。寺院選択者は76院、10・4％で、もっとも多かったのは廃業した修験で475院、65・2％と大半を占めた。神職を選んだ者は修験時代に行っていた村民への加持祈祷《きとう》はできなくなり、法印（修験者）時代の修験院・神社奉仕とは大きく異なった。神楽組も法印組織の解体により、共同で行っていた神楽奉納を含む神社祭式も継続不可能になった。

修験院廃止後の動向

郡	寺院	神社	廃院	計
伊具郡	17	7	23	47
刈田郡	0	9	24	33
柴田郡	1	4	28	33
亘理郡	7	5	7	19
名取郡	10	9	28	47
仙台城下	20	0	43	63
宮城郡	4	13	26	43
黒川郡	4	6	17	27
加美郡	0	8	22	30
志田郡	0	8	28	36
玉造郡	1	4	9	14
遠田郡	2	11	34	47
栗原郡	4	27	64	95
登米郡	1	22	13	36
桃生郡	1	16	33	50
牡鹿郡	0	3	28	31
本吉郡	4	26	48	78
計	76	178	475	729
(%)	10.4	24.4	65.2	100

伊藤『東北文化研究室紀要第41・42集』より作成

政府はいわゆる修験道廃止の布達に先立って、明治4（1871）年2月に神社社殿前で神楽を行うことを禁止する通達を出しており、地域社会における神社及び神社祭礼のあり方は多方面で大きな転換を余儀なくされた。

達（明治）4（1871）年2月14日

これまで、神仏に願をかけて祈るとして、むやみやたらに社殿の前で神楽を奉納してきたが、今からはこれを禁止する。（筆者口語訳）

政府は古式に基づかず、神への敬いを伴わない神楽がみだりに行われるのを快く思わなかったと思われる。ただし、この達しがどこまで厳守されたかは県によって差がある。宮城県では明治初期の一時期、神楽奉納を中断した神社も多く見られた。しかし、間もなく神職が新たに神楽組を組織して復活する。

この他、神懸かりや託宣も禁止された。これは主として民間巫女《みこ》に対して出されたが、神楽の中で神の言葉を聞く神事として行われた湯立《ゆだて》が衰退する契機になったと思われる。

達第2号　府県

従来、梓巫《あずさみこ》・市子《いちこ》、ならびに憑祈禱《よりきとう》・狐下《きつねさ》げなどを唱えて、玉占・口寄などの所業をもって人民を眩惑《げんわく》させるのは、今より一切を禁止する。各地の官はこの旨を心得えて、取り締まりを厳重に行うべきものである。

明治6年（1873）1月15日　教部省（筆者口語訳）

霊を招き寄せる民間巫女（梓巫・市子）の行為並びに憑祈禱（憑依者《ひょういしゃ》に霊を憑依させて語らせ

る修法)・狐下げ(人に憑《つ》いて祟《たた》る霊を除く修法)等の所業を禁止したものである。神懸かりや託宣の修法は日常の加持祈祷や祭礼神事、神楽とともに旧法印も行ったが、明治の神社神道下では遠ざけられた。

5 法印神楽の神社神道への適応

江戸時代、仙台領のうち、現在の宮城県域で行われていた法印神楽は、海岸部の浜神楽が6組、内陸部の異伝の神楽が5組ほどと思われる。宮城県における民俗芸能研究の第一人者・千葉雄市(1921~2017年)は、県内の法印神楽は、明治以降のもの、廃絶したものも含めて浜神楽25組、異伝の神楽5組としている。異伝の神楽は江戸時代と明治以降に大きな変化はないが、浜神楽は約4倍に増えている。ここでは明治以降、神仏分離による神社神道の成立が神楽にどのような変化を及ぼしたかを見ていく。

石巻市湊の牧山に江戸時代、富山観音(松島町)、篦岳《ののだけ》観音(涌谷町)と共に奥州三観音と称された牧山観音があった。幕末に牧山観音別当を務めていた長禅寺の住僧は、明治初期に還俗《げんぞく》して、新たに設けられた零羊崎神社《ひつじざきじんじゃ》の神職に就いた。零羊崎神社は明治7(1874)年に郷社、昭和17（1942）年に県社に列格された。郷社は郡もしくは数カ村ごとに置かれた区に定められた社格で、県社に次ぎ、村社より上格とされた。

零羊崎神社の初代神職（長禅寺最後の住僧）は明治13（1880）年に迎える、長禅寺中興の祖、栄存《えいぞん》法印二百年大祭にあたり、栄存をまつる神社に石巻市真野《まの》の法印（修験者）等牡鹿10カ院が江戸時代に伝えていた神楽を奉納したいと考えた。牡鹿10カ院の法印（修験者）のうち明治期に神職になったのは2法印のみで、他は農業等に就いていた。そこで神職に就いていた旧法印が中心になり、帰農した旧法印や近郷の農家有志で稽古を重ね、古式通りの神楽を奉納した。江戸時代、神楽は牧山で行われていなかったが、明治期、零羊崎神社は近郷神社の筆頭社として郷社に格付けされ、復活した牡鹿法印神楽（石巻市湊牧山）の中心になった。

近年、大崎市三本木や古川の法印たちによって、異伝の法印神楽である三輪流神楽が行われていたことが明らかになった。この神楽は、加美町の薬莱神社里宮（江戸時代は大宮明神社）を拠点とするものとされる。若宮八幡神社（大崎市三本木）で文化4（1804）年、文化5年の神楽本等が所蔵されており、それとともに明治25（1892）年に宮城県内神官取締所が出した神楽認可証もある。これに「志田郡古川町稲葉鎮座　郷社八坂神社神楽」とあり、続けて舞子12名と演目名8が記されている。八坂神社（大崎市古川金五輪）は明治3（1870）年に祇園牛頭天王《ぎおんごずてんのう》社《しゃ》から社号を変更し、明治5年に郷社となった。江戸時代は志田郡総鎮守であった。神楽認可証にある舞子のうち半数以上は三本木と古川の神職であり、江戸時代の神楽組に近い組織で、郷社の神楽となった。なお、郷社の神楽は後述する村社の神楽と異なり郷社○○神社附属神楽とはなっていない。

本吉法印神楽（南三陸町戸倉）は本吉郡南方の法印（修験者）で組織された神楽であり、明治以降は、修験から神職に変わった法印で、本吉法印神楽会を組織して行っている。この場合、祭礼における神楽奉納は郡内の複数神社である。

本吉太々法印神楽（気仙沼市）も法印（神職）のみで継承している。参加しているのは県神社庁気仙沼市本吉郡北部支部の神職と陸前高田市気仙町の月山神社の神職で、月山神社は天保13（1842）年の「両部神楽相伝録」に気仙沼・唐桑の法印（修験者）とともに神楽法中に加わった顕明院の後裔《こうえい》である。江戸時代の組織を現代に継承している。

明治期に行われた近代社格制度により、県社、郷社に次いで列格された村社は、郷社とともに村氏神《むらうじがみ》（産土社《うぶすなしゃ》）の社として位置づけられた。村社は1村ごとに成立しており、そこの村民は村社の氏子として登録された。

江戸時代、修験院は村の有力な神社だけでなく、それに含まれない無格社を含め、複数の神社の別当を務め、近隣の法印とともに神楽を行っていた。修験道廃止後、還俗して神職となった法印は村社以上の神社を本務社として奉仕した。従来の神楽組は解体したため、神社に神楽を奉納

證

日高見流神楽
邑雲　太鼓手
高橋藤太郎
試験之上登米郡浅水村無格
社白山神社及運南神社附属
神楽ノ舞子タル事ヲ認可ス
明治廿九年八月三十一日
宮城縣内神職取締所長代理
宮城縣内神職取締所副長後藤文哉印

浅水村（登米市中田町）無格社附属神楽認可証

したいと考えた法印は、本務社の氏子とともに新しい神楽組を組織することになる。こうして生まれた神楽は自分たちの神社の神楽として、新たに地域の神楽になった。これは江戸時代の神楽が神社のものというより、法印のものであったのと大きく異なる点である。

桃生郡の本山派で組織されていた神楽組は明治に解体して、新たに神社ごとに複数の神楽組が組織された。石巻市北上町女川の大宝院は蔵王権現を改めた山《やま》祇神社《ずみじんじゃ》の神職となり氏子らと女川法印神楽《おながわほういんかぐら》を組織した。石巻市北上町皿貝の成就院は多峯権現社《たみねごんげんしゃ》改め大日《おおひ》孁神社《るめじんじゃ》の氏子らと皿貝法印神楽を組織した。

桃生郡の羽黒派では、石巻市桃生町樫崎《かしざき》の樫崎法印神楽も、氏子とともに組織された神楽組である。雄勝法印神楽は大浜・雄勝浜・大須浜の神楽が核になっており、複数浜の神社とその氏子で組織された。登米市豊里町の大曲《おおまがり》法印神楽《ほういんかぐら》・上町法印神楽《かんまちほういんかぐら》、登米市中田町の上沼加茂流法印神楽、日高見《ひだかみ》流《りゅう》浅部《あさべ》法印神楽《ほういんかぐら》も村氏神を核とした神楽である。

明治6（1873）年、県内神職の取り締まり・管理を行う機関として仙台市内に中教院が設

證

神和流
岩戸開舞 手力雄命
太鼓手
笛手

榊田健助

試験之上桃生郡樫崎村社
鹿嶋神社附属神楽之舞子
タル事ヲ認可ス

明治廿九年十二月十九日
宮城縣内神職取締所長浦江一知代理
宮城縣内神職取締所副長後藤文哉印

樫崎村（石巻市桃生町）村社附属神楽認可証

けられた。ここでは神楽試験が行われ、試験に合格すると神楽認可証が発行された。日高見流神楽（日高見流浅部法印神楽、登米市中田町浅部）は明治初年に加茂流から分かれ、明治29（1896）年に中教院の後身、宮城縣内神職取締所から登米郡浅水村無格社白山神社及び運南神社附属神楽の称号が認可されていたことがわかる。桃生郡の神和流神楽《みわりゅうかぐら》（樫崎法印神楽、石巻市桃生町）も明治29年に桃生郡樫崎村社鹿嶋神社附属神楽として認可されていた。

明治20年代後半の神楽認可証はこの様式で、地域の神社で行われる神楽は明治20年代に、村社〇〇神社附属神楽等として公認されていった。この村社〇〇神社附属神楽の名称は近代社格制度の産物で、やがてこれが地域の郷土芸能、郷土芸術、さらには民俗芸能になっていく。

6　神楽の変化

明治期の神仏分離政策により仏教と袂《たもと》を分かった神社神道は、天照大御神《あまてらすおおみかみ》を中心に記紀神話に登場する神々を体系化し、その神々をまつる神社を序列化した。そうした神社神道のもとで行われる神楽は、当然のことであるが、それ以前の神仏習合時代の神楽とは異なる部分が生まれてくる。雄勝法印神楽（石巻市雄勝町）に明治期の神楽観を記した「神楽の道志留辺《みちしるべ》」＝明治26（1893）年刊＝がある。

> 天御中主神《あめのみなかぬしのみこと》、高皇産神《たかみむすびのみこと》、神皇産神《かみむすびのみこと》の造化三神《ぞうかさんしん》が国土を溶かして造ろうとなさり給いて以降、功徳のある神たちのなされる御事柄を神楽と称え、神前にて奏し、神慮を慰さめ奉るのを神楽という。前に述べたように、戯《おど》ける業を神楽と唱えるのは神をあざむくことである。神は非礼を受けない。（筆者口語訳）

天御中主神、高皇産神、神皇産神の造化三神は、天照大御神とともに神社神道における重要神で、この4神は組織的な国民教化を推進するために設けられた中央の大教院、さらには各県に設けられた中教院の祭壇にもまつられた。神楽はこうした神の神前で奏され、神を楽しませるものとする。そうであるから滑稽なもの、ふざけたものを神楽とするのは神をもてあそび、愚弄《ぐろう》することであるといったことが述べられている。続いて、「依《よ》って我が郷里に古有の（神楽）の内より眞正であるべき部分を、明治11（1878）年5月17日、宮城神道中教院にて試験を得て、（この神楽を）執行する」とある。郷里に伝わる固有の神楽から真の部分を以《も》って中教院の認可を受けた。中教院は神を敬い、国を愛し、天皇を中心にした国家の教えを神道や仏教の立場から教導《きょうどう》するために各県に設けられた、半官半民の機関である。そこで教導にあたったのは、すべての神職と僧侶及び庶民で試験に合格した者である。そのうちの神道の立場から教導する役割を担った神道中教院が、この時にどんな合格証を出したかは不詳だが、地域の神楽に対する考えを先の「神楽の道志留辺」でうかがうことができる。

真正な神楽において、主役である神にどんな変化がみられたであろうか。現行の雄勝法印神楽と明治26（1893）年の「神楽の道志留辺」を手掛かりに登場神の違いを初矢、両天、三天で見ていく。なお、雄勝で現在行われている神楽は「神楽の道志留辺」の登場神と異なるものがある。

大教院・中教院にまつられた天御中主尊、高皇産霊尊、神皇産霊尊の造化三神は三矢《さんや》（「神楽の道志留辺」）、三天《さんてん》（現行）に登場する。江戸時代、浜地域で行われていた法印神楽の三天は天合尊《あめのあいのみこと》、天三下尊《あめのみくだりのみこと》、天八下尊《あめのやくだりのみこと》の3神による舞で、両天の天八百日尊《あめのやおひのみこと》、天八十萬魂尊《あめのやそよろずたまのみこと》と合わせて5神である。この5神は平安時代初期に成立した神道の重要文献の一つ、『先代旧事本紀』に出る、神世七代を表わす独り神である。両天の天八百日尊は金徳神、天八十萬魂尊は土徳神、三天の天合尊は木徳神、天三下尊は火徳神、天八下尊は水徳神を表わし、合わせて五行神の舞であった。「神楽の道志留辺」は対になっていた両天、三天の5神をやめて、三天に神社神道の重要神を登場させた。さらに名称を三矢と改称した。他に石巻市桃生町の寺崎にも造化三神の三天がある。他の法印神楽の多くは『先代旧事本紀』に則《のっと》った神の舞としている。

初矢《しょや》は浜神楽で最初に舞われる舞でどこの神楽でも重視している。雄勝法印神楽はこれを天御中主尊の舞とする。造化三神は古事記において高天原《たかまがはら》に初めて生まれた三神で、その最初が天御中主尊である。多くの浜神楽の初矢は句句廼馳命《くくのちのみこと》で木の神による舞である。万物は木《もく》・火《か》・土《ど》・金《ごん》・水《すい》の五種類の元素からなるという五行思想《ごぎょうしそう》において、木は万物の初めであることによる。浜神楽の初矢、両天、三天は修験道において重要な考え方である五行思想をもとにした演目であった。しかし、雄勝は後に初矢の登場神を天御中主尊に変更したと思われる。その時期は明治期の可能性もあるが詳細は不詳である。

一方、牡鹿法印神楽（石巻市湊牧山）の初矢は浜神楽で唯一、国常立命《くにのとこたちのみこと》による。この神は異伝系の伝書、『御神楽之大事』＝元文4（1739）年＝に見える、大嘗神楽十八番《だいじょうかぐらじゅうはちばん》の演目、初夜《しょや》と同じである。国常立命は日本書紀において最初に生まれる神でもあり、牡鹿の初矢は異伝系の神名を踏襲しているのであろう。ちなみに異伝系の初夜は後夜《ごや》と対になっている。これらの名称は寺院で営まれる修正会等の法会における初夜（夕方）、後夜（夜半）に行う行法にちなんでいる。したがって五行思想に基づく浜系の初矢とは位置づけ（枠組み）が異なる。

江戸時代、神楽において湯立《ゆだて》はたいへん重要視されていた。場を清めるとともに、釜を用意した祈願者へ演者に乗り移った神が五穀豊穣などのお告げを伝えた。山で厳しい修行をして獲得した験力《げんりき》に基づく託宣の行為であった。明治期に神懸かり・託宣が禁止されたことが、神社神道下での湯立の託宣が衰退した一因でもあろう。また、明治以降、宗教の中で厳しい修行がなくなり、また、氏子が神楽を舞うという時代の変化により、神楽の湯立は徐々に重要性が薄れ、法印神楽では湯立を行わない神楽も多くなっている。ところが大崎市の旧志田郡内においては若宮八幡神社（大崎市三本木新沼）をはじめ、複数の神社で湯立神事が行われている。かつては加美郡の複数の神社でも行われていた。この地域の湯立は三輪流神楽で行われていた湯立が神事として分立・独立したものと思われる。

第4章　南部神楽の流行

1　南部神楽とは

南部神楽は岩手県の南から宮城県の北部、江戸時代でいえば仙台領北部（沿岸部の北限は気仙郡住田町、内陸部は北上市）の地域で行われている。その北側の北上市の旧南部領は大乗神楽《だいじょうかぐら》、さらにその北の花巻市以北では山伏神楽が行われている。南部神楽の芸態は、旧仙台領で行われている山伏神楽という見方もできる。江戸時代の後期に誕生した当初の演者は修験者（山伏、法印）ではなく、神楽好きの民衆であった。

宮城県の民俗芸能研究の第一人者、千葉雄市によって、宮城県北部の海岸部に多い法印神楽は、岩手県南の旧仙台領でも行われていたことが明らかになっている。かつて、法印神楽と南部神楽の分布域は重複していた。

岩手県ではこの神楽を山伏神楽と区別して仙台神楽、胆沢神楽、エンギ（演義、演儀、演技等）神楽と呼んでいる。さらに岩手県の神楽研究者は、演者が舞台上でせりふを語る点に着目してセリフ神楽とも呼んだ。宮城県側では南部神楽と呼ぶのが一般的であり、または最も盛んな地域をとって栗原神楽、あるいは、倉でひそかに行っていたこともあるため、倉神楽と呼ばれていたこともある。岩手県では仙台（藩の）神楽、宮城県では南部（藩の）神楽と、どちらも自分たちの神楽（山伏神楽、法印神楽）とは異なるとの立場でこの神楽を呼んでいる。

分布に濃淡があり、岩手県は一関市、奥州市胆沢区、宮城県は栗原市栗駒・金成に多い。一関市と栗原市は一関市萩荘《はぎしょう》の自鏡山《じきょうざん》（標高３１２《メートル》）を挟んで向かい合っており、一関は栗駒山麓の栗原市栗駒沼倉・松倉、金成、若柳有賀等とともにかつて吾勝郷《あがつごう》を形成していたという。従って南部神楽は吾勝郷に濃密な分布があるといえる。自鏡山に祭られている吾勝神社《あがつじんじゃ》は吾勝《あがつの》

一関市自鏡山麓の「南部神楽源流の地」碑

尊《みこと》（天照大神の御子神《みこがみ》・正哉吾勝勝速日天忍穂耳尊《まさかあかつかちはやひあまのおしほみみのみこと》）を祭神としており、この神は宮城県側でも栗原市内の3社で祭っている。

一関領内では法印神楽と区別して、江戸時代から南部神楽の呼称があった。「仙台」「胆沢」「栗原」と地域名を入れた呼称が多いのも、自分たちの神楽ではなく、○○地方の神楽という立場から付された名称である。民俗芸能研究の大家・本田安次は「妙なことに仙台領ではこれを南部神楽と称し、南部領では仙台神楽」と記しているが、この神楽がどちらにも似ているがどちらにも属さない独特の神楽という側面を的確に表わしている。

江戸時代後期に始められた南部神楽は庭元《にわもと》（一座を率いる座

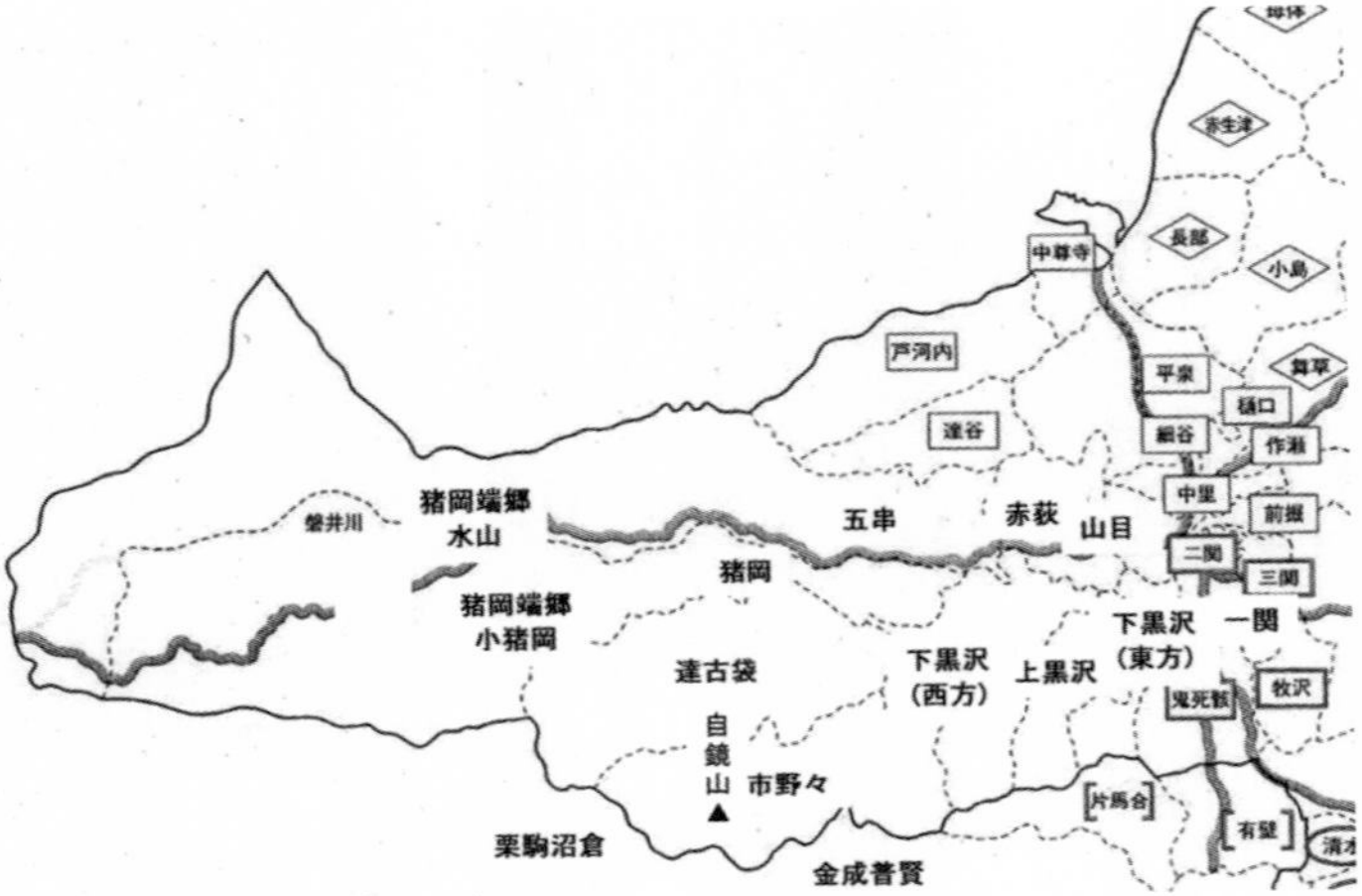

自鏡山周囲の村（一関市博物館『地を量る』より作成・加筆）

元・興行主）がいる。この形は田植踊や鹿踊《ししおどり》と同じであり、神社で神楽を行う場合も神事としてではなく興業の一形態として行われるのが普通である。庭元は地域の有力者で神楽好きを募って神楽師匠に稽古をつけてもらい、仲間を誘って神楽組を組織した。宗教者である法印（修験者）が郡単位等で組を組織して、別当を務める神社の祭礼に奉納した神事芸能とは異なり、宗教者ではない者が行う神楽であった。そのため、神話に登場する神々の由来を演じる、諸神楽特有の神舞《かみまい》とともに、源平合戦等を演じる劇舞《げきまい》が含まれ、芝居のように劇を楽しむ側面も強いのが特徴である。また、山伏神楽の権現舞、法印神楽の湯立《ゆだて》等、神の舞・神の言葉に関わる演目は取り入れられていない。

　江戸時代は宗教者以外の者が神楽を行うことを禁じていたこともあり、神楽好きの民衆が仲間うちで楽しむところから発展したもので、倉神楽の名称はその名残である。幕末に藩の芸能規制が緩くなるに従い、徐々に表に出てきたのである。

2　江戸時代の南部神楽

岩手県一関市西部（江戸時代は磐井郡西岩井郷で一関藩領）では、江戸時代に法印神楽が行われていた。一関の法印神楽のうち早いものは江戸後期に南部神楽へ移行したとされ、南部神楽の源流の地とされる。

江戸時代の安永4（1775）年に記された『安永風土記（宮城縣史所収分）』によれば、西岩井郷のうち一関から西の自鏡山を取り巻く地域、12カ村にあった修験院は羽黒派12院、本山派4院である。1村に複数院が存在する村もあり、すべての村に修験院があったわけではない。修験院は村内にある神社の別当を務めるが、村内に修験院がない場合は村外の修験が務めた。

江戸時代、西岩井郷では法印神楽が奉納されていたという神社が旧赤萩村に1社、旧達古袋村に1社、旧下黒沢村に2社、旧市野々村に1社ある。前2村が本山派、後2村が羽黒派の法印である。自鏡山保呂羽社《ほろわしゃ》＝明治4（1872）年に吾勝神社と改称。村社＝別当を務めていた旧市野々村（一関市萩荘）、羽黒派修験金剛院によると、「例祭には吾勝郷一帯の法印たちが集い」、「五穀豊穣、招福除災、悪疫退散の大祈祷《きとう》を行い神楽の奉納が行われた」。「自鏡山の中腹二の鳥居の広場に神楽の舞台を設け、その前に4本の青竹を四角に立て、注連縄《しめなわ》で結界した中央に大釜を据え、湯を沸し、湯立ての神事として大釜の湯を神に捧げた後、青笹を湯に浸し、舞台や神楽道具、舞手に振りかけて穢《けがれ》を払い、神の座を清め、なお参拝者にも振りかけ、ともに1年の穢を払い清める神事、禊《みそぎ》の行事が行われ、後に神楽が奉納された」。法印神楽は「全部の舞を演ずるのに3日間」かかり、「終了後は南里宮・金剛山還成寺《こんごうさんげんじょうじ》（栗原市金成普賢堂）、東里宮・彦丈山《げんじょうさん》延年寺《えんねんじ》（一関市萩荘市野々本郷）において、それぞれ千秋楽を舞い納めて終わることが習わしであった」。

宮城県の例を参考に10カ院ほどで法印神楽組を組織していたと仮定すると、西岩井郷の自鏡山周囲の修験院は羽黒派12院、本山派4院なので、これらの修験院によって神楽組が組織されていた可能性が高い。古内神楽（旧下黒沢村＝一関市萩荘古内）には「上黒沢西風《ならい》（旧上黒沢村＝一関市萩荘字打ノ目）の法印と一関山目の配志和神社《はいしわじんじゃ》（旧山目村＝一関市山目字館）の法印、そして一関萩荘三島神社（旧下黒沢村西方＝一関市萩荘字中大桑）の法印の3者によって始められた」とする伝承がある。3法印はいずれも羽黒派であることから、少なくとも自鏡山周囲には羽黒派法印（修験院）を含んだ法印神楽組があったのは明らかであろう。

三島神社（一関市萩荘字大桑）に奉納されていた神楽は羽黒派三学院が法印神楽を伝えており、『南部神楽系譜調査報告書』には「天保年間（1830〜43年）西磐井郡萩荘村下黒沢（一関市萩荘）、千葉富右衛門が三島神社の法印（三学院）から山伏神楽を習い、神社の祭典などに神楽を舞ったが、その子富右衛門（2代富右衛門）も弘化年代（1844〜48年）の頃、三島神社の法印から山伏神楽を習った」とある。また「法印の許可を得て南部神楽を習得して帰り、当時の法印神楽に改善を加えたのが人気を博し、地方に広まり黒沢神楽の名をあげ」たという。黒沢神楽は「囃子《はやし》方を賑《にぎ》やかにし、舞も軽快に装束も美しく、舞う者自身が「ふし」をつけて「せりふ」を言う」もので「人気があった」という。

春日神社（旧下黒沢村東方＝一関市萩荘字大久保）に奉納されていた法印神楽は、弘化年間に下黒沢神楽から南部神楽の指導を受けて古内神楽《ふるうちかぐら》（南部神楽）に変わったとされる。こうしたことは神社に奉納される神楽が、法印（山伏）の行う神楽から新興の南部神楽にスムーズに移行していった過程がうかがわれる。が、果たしてそうであろうか。

一関市博物館が所蔵する資料に『宣寿院《せんじゅいん》様《さま》在所《ざいしょ》御下《おくだり》之《の》節《せつ》御遊覧《ごゆうらん》毎所《まいしょ》真写《しんしゃ》（以後、御遊覧毎所《ごゆうらんまいしょ》真写《しんしゃ》）』がある。一関に眠る一関藩6代藩主、田村宗顕《たむらむねあき》の霊を弔うため、正室の宣寿院（当時55歳）は弘化4（1847）年5月12日に江戸を出立した。一行は14日後の5月25日、一関に到着した。一関で墓参をし、亡き藩主の菩提《ぼだい》を弔った後、領内を遊覧し、約3カ月後の8月22日に一関

『御遊覧毎所真写』に描かれた神楽＝弘化4（1847）年。上は「神楽　於舞台修験者勤之」、下は「南部神楽　黒澤村西光寺」（一関市博物館蔵・写真提供）

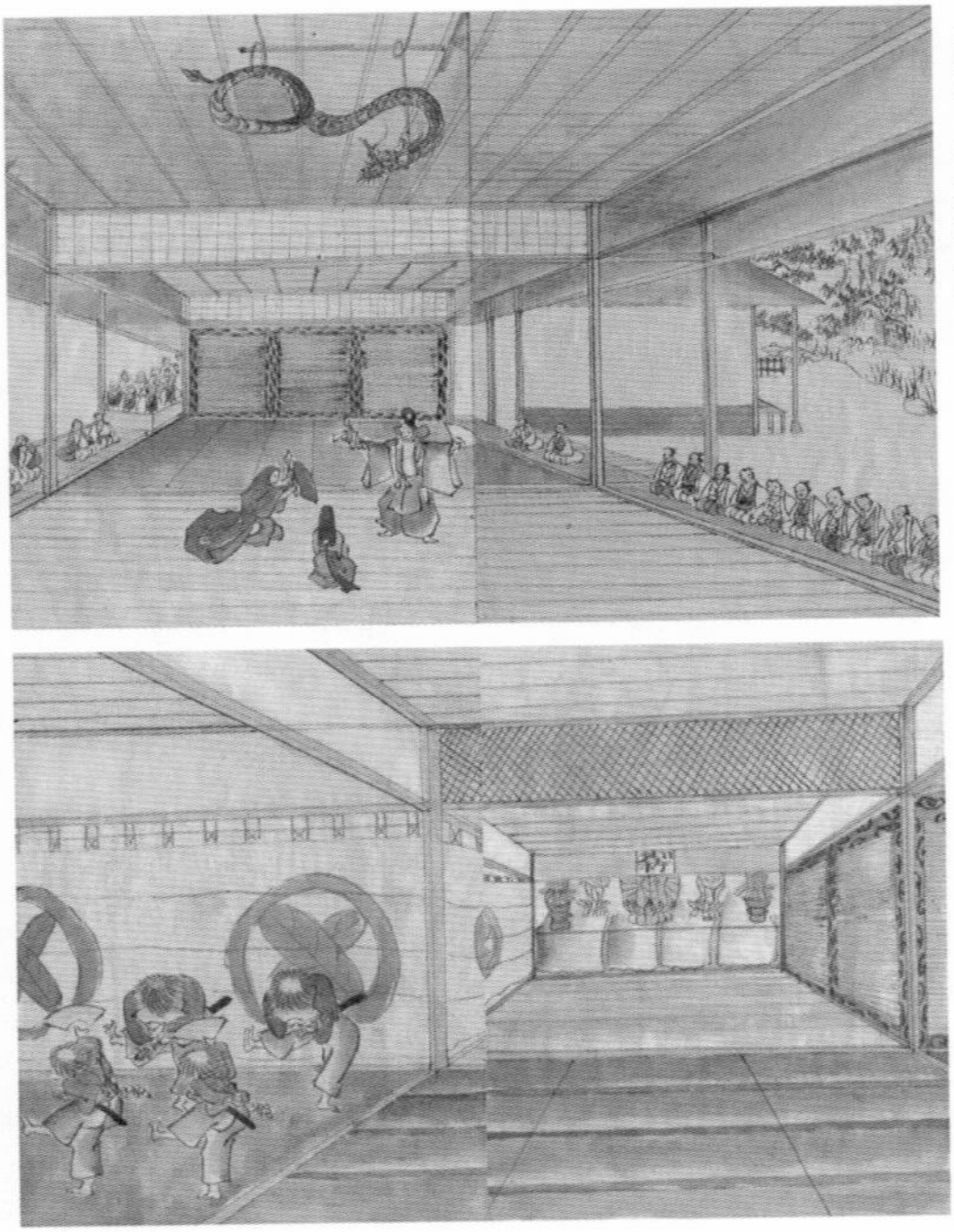

を発《た》ち、9月11日、江戸藩邸に帰着した。資料は宣寿院一関滞在時における遊覧記録で、15枚の絵入りである。その4枚目に下黒澤村西光寺《さいこうじ》（曹洞宗、一関市萩荘字中町）で催された神楽の様子を描いた「南部神楽 黒澤村西光寺」、5枚目に一関・田村氏居館（一関市釣山）で修験者が演じる神楽を描いた「神楽舞台において修験者これを勤む」がある。

55歳という、当時としては高齢であった宣寿院の年齢に配慮したのであろうか。描かれた絵によれば両神楽は野外に設《しつら》えた本式の舞台ではなく、室内で行われた。南部神楽が行われた西光寺（一関市萩荘字中町）は曹洞宗寺院で、本山は西磐井郡旧赤萩村（曹洞宗、一関市赤萩字宮田）

の要津院、末寺は栗原郡旧金成村（栗原市金成）と旧有賀村（旧吾勝郷＝栗原市若柳）に各一寺あった。なぜ西光寺であったのか。それは一関における南部神楽創始に関係したといわれる旧黒澤村で南部神楽を行うことに意味があり、村内で宣寿院が訪れるのにふさわしい寺院、建物として西光寺が選ばれた可能性があろう。

修験者による法印神楽は一関の田村公の居館で行われた。この法印神楽は演じられた場所から藩の神楽として扱われたと思われる。神楽執行に際しては居館内にあった神社の別当、羽黒派文珠院も関与したであろう。しかし、宣寿院御覧の神楽という点で、南部神楽は一関藩内において、宣寿院に御覧いただきたい神楽として認知されていたことは明らかである。そうはいっても、居館で行われた法印神楽と在所で行われた南部神楽は、同列とは位置づけられてはいなかった。

『御遊覧毎所真写《ごゆうらんまいしょしんしゃ》』の最も貴重な点は、一関には修験者が行う法印神楽だけでなく、庶民が行う南部神楽が弘化４（１８４７）年の時点で周知されていたと確認できることである。また、一関藩にとって両神楽は藩を代表する神楽であった。しかしながら、両神楽には若干の区別があったことを感じ取れることも重要である。

3　法印神楽と南部神楽の差

幕末の文久2(1862)年、栗原郡の大肝入《きもいり》が生活の華美を戒めるため、同郡鬼首村（大崎市鳴子温泉鬼首）の肝入らに宛てた文書「御郡村《おんぐんそん》御《お》取締《とりしまり》御《ご》ケ《か》條《じょう》趣《しゅ》意《い》帳《ちょう》」がある。この中の「神事祭礼之節」に、「大造《おおづくり》の渡り物（祭礼で練って歩く山車《だし》などの練り物）、山車あるいは舞台等補理《しつらい》または大造りの燈籠《とうろう》、かけ行灯《あんどん》」などを禁じた箇所がある。さらに以下が続く。

「獅子踊あるいは南部神楽と唱える躍《おどり》等の類、其《そ》の他、他所から入り組んでいる、のぞきからくり拵《こしらえ》といっている物は、やめさせるべきことにする」（筆者口語訳）

獅子踊（鹿踊）は第8章で扱うが、「盆祭として」「7月中ばかり許されているもの」（筆者口語訳）との規制があり、祭礼での上演は禁じられていた。

南部神楽が祭礼での上演を禁じられた理由は「神事毎《ごと》は別当のみにて行い、国家ならびに一村安全の祈祷《きとう》をつかまつらせるものである」（筆者口語訳）とあることで推測が可能である。仙台藩は神楽について宗教者が神事として行うものと位置づけており、そのため別当が祭礼で行う法印神楽は規制を受けなかった。しかし、庶民が祭礼に興行として行う南部神楽は禁じられた。この禁止は文久２（１８６２）年に初めて出されたのではなく、藩の規制が緩んできたため、再確認として出されたと思われる。

『鶯沢町史』（栗原市鶯沢）は、法印神楽と南部神楽の違いを以下のように記している。

明治維新前までは、神楽は法印あるいは社家といわれる、神に仕える特定の人が舞い一般人は舞うことが出来なかった。町や村に住みついた法印達《たち》が数村あるいは郡単位に集って神楽がおこなわれ、一般人や青少年はひそかに木影などでみており、それをまねて、森かげや林の中で自分流に踊って楽しんでいるに過ぎなかった。

それであるから、酒の酔いにまかせて風呂敷を幕に火箸で板の間をたたき、正月神棚にあげた御幣束を片手に一舞い神楽をやったら、早速肝入の耳に入り、今でいう始末書（詫《わ》び状）を書かされて、幕代りの風呂敷を肩にして、部落中で一軒残らずお詫びをして歩いたという幕末の頃の古文書さえ残っている。

ひそかに南部神楽をしたのが公になってしまうと、集落の家々にお詫び行脚をしたというのである。こうした状況の中で、江戸時代、どのようにして南部神楽は表に出ることができたのか。そのことを南部神楽の源流の地とされる一関・西岩井郷で考えたい。

江戸時代、法印が演じる法印神楽は祭礼に行う神事であり、庶民が演じる南部神楽とは違うとの意識があった。このことは弘化４（１８４７）年に一関藩主の居館で法印神楽を演じたことからも想像できる。また、法印神楽は隣村の法印（修験者）とともに組織された神楽組で行われるため、自分だけ南部神楽に移行することは、不可能である。仮に法印も何らかの形で南部神楽の創始、興業に関わっていたとすれば、これまで法印神楽組が行われていない神社等の場で新たに行われる場合であろう。

南部神楽の創始に一関の法印が関わっていたことを推測させるものに、配志和神社《はいしわじんじゃ》（旧山目村＝一関市山目字館）の特殊神事、御室焼《おむろやき》がある。神社は瓊々杵尊《ににぎのみこと》、高皇産霊尊《たかむすびのみこと》、木花開耶姫命《このはなさくやひめのみこと》の三神を祭る。江戸時代の紀行家、菅江真澄『はしわのわかば（続）』によると特殊神事は、瓊々杵尊と契りを結んだ吾田鹿葦津姫《あしたかあしづひめ》（別名を木花開耶姫）が、尊に一夜で身ごもった子どもの真偽を疑われ、無戸室《うつむろ》（戸口をふさいだ室）を造って火を放ち、その産室で無事に出産をして尊の子を証明したものである。いわゆる火中出産神話を再現したもので、「いとひめたるかんわざ（おおいに秘事とすべき神事）」である。神社はこの神事を御室焼《おむろやき》とする。

御室焼は南部神楽の演目にある。しかも、法印神楽や山伏神楽にはなく、南部神楽で編み出された独特の演目である。配志和神社別当は羽黒派日光院で、南部神楽の創始に関わったとされる法印の1人である。こうしたことを考えると、南部神楽の御室焼は配志和神社神社の特殊神事をもとに構想された演目であると思われる。

安永4（1774）年に提出された安永風土記「書出　磐井郡西岩井郷山目村」には配志和神社

末社が６社記されており、うち４社が日光院別当、２社が百姓別当である。日光院が別当を務める神社は、法印の神楽組による神楽が行われたであろう。一方、百姓（農民）が別当を務める配志和神社の末社は、日光院と連携して、神社の由来に関連する神話に基づいた南部神楽の演目が行われた可能性がある。

西磐井郡西岩井郷は他の地域よりも百姓が別当をしている社寺が目立っている。例えば自鏡山の麓にある旧市野々村（一関市萩荘）は村唯一の修験、羽黒派金剛院が７社の神社別当を務めるが、５社は百姓が別当をしている。旧猪岡村《いのおかむら》は村内に修験院がなく、１社の別当を旧達古袋村の本山派修験が務めるが、村鎮守の駒形社を始め、同村端郷《どうそんはごう》（行政上、独立した１村でなく本村に付随する扱いとされた村）である水山郷鎮守山神社、同村端郷小猪岡一郷鎮守熊野社の３社が百姓別当である。こうした事情から、江戸時代後期以降、各地で芸能興行が活性化する中で、西岩井郷では百姓が別当を務める神社において祭礼で新たに神楽を演じたいとした際に、南部神楽が迎えられたと思われる。

4 明治前期の南部神楽

ここでは明治前期の南部神楽について宮城県の神職等を管理する機関が発行した、いわゆる神楽認可証を中心に見ていく。

栗原神楽《くりばらかぐら》（栗原市栗駒）は、明治12（1879）年に宮城県神道事務分局から神楽検査証を受けている。明治政府は神社から仏教的な要素を取り除いた、新たな神道を確立し、大教と呼ぶ神道を軸にする国家を国民に教化する運動（大教宣布運動）を展開した。その運動の担い手は国内すべての神職や僧侶、それに非宗教者ながら試験に合格した者であり、彼らを布教に携わる教導《きょうどう》職《しょく》に任じ、県に中教院を設置して研修・布教させた。栗原神楽に検査証が出された明治12年当時は、神道中心の布教に反発して仏教界が抜けており、神道のみで大教を布教する方針に変更され、運動を推進する中教院は各県に設けた神道事務分局に付属していた。

したがって、この神楽検査書は宮城県が神楽を通して新たな神道（大教）を広めようとしたことを示し、恐らく神楽組の組頭が教導職としてその布教活動に関わったことを伝える。検査書に記載された演目が岩戸開きや天孫降臨をした仁々杵尊《ににぎのみこと》（瓊瓊杵尊）など、神話に登場する神々の舞であるのは、そうした背景がある。仮にこの時、栗原神楽に神話に基づかない劇舞があったとしても、宮城県神道事務分局が内容を検査したのはあくまで神舞だけであった。

沢田神楽（大崎市古川）は「宮城県神風教導職御試験認可」と書かれた幕が伝わる。明治18（1885）年のものである。江戸時代、家々が助け合うために集落内に結成された契約講が明治以降、神風講社と呼ばれたことがある。しかし、ここでの神風は、伊勢神宮に仲間を参詣の代理人として送るための伊勢講が明治期に称した神風講《じんぷうこう》のことと考えられる。伊勢神宮は神社として神道に基づく祭祀《さいし》（これは非宗教行為とされる）を行い、対して神風講は伊勢信仰を布教（宗教行為とされる）するために神宮が設けた宗教団体・神宮教の講社である。したがって「神風教導職認可」の幕は沢田神楽が伊勢信仰を広める宗教団体の説教者（教導職とあるが明治初期に置かれた半官半民の教導職は明治17年に廃止）として認可されたことを示している。

鶯沢神楽（栗原市鶯沢）に伝わる明治18年の神楽巻物は神楽の由来等を記したもので、末尾に内宮々司　井面《いのも》神主《かんぬし》、三日《みっか》

神道事務分局
陸前栗原郡栗原村　栗原悦之助　届出
組頭　栗原悦之助
今野市郎治　高橋丈之進
小岩作左衛門　佐藤弥三郎
菅原専治　小岩定吉
小岩正作　小岩勝吉
菅原朝吉　佐藤作治
小岩利右衛門　佐藤安三郎
八巻五郎左衛門　小岩彦三郎
八巻助三郎　鹿又甚作
阿部徳太郎　小野寺直治
小岩勇吉
神楽番組
一　鳥舞
二　岩戸開き
三　明神舞
四　素盞嗚尊之舞
五　仁々杵尊之舞
六　八幡舞
七　八岐大蛇退治
右七組検査ヲ遂ケ候事
明治十二年三月三十一日

栗原神楽（栗原市栗駒）の神楽証

神降シ口傳
神歌口傳
内宮々司
井面神主
三日市太夫次郎
白鷺山實茂
片子沢村 鳥谷御子
白鷺山實永
神道教師
白鷺實堅
玉井豊之助
以上
明治十八年八月廿一日

鷺沢神楽（栗原市鷺沢）の神楽巻物末尾

市太夫次郎《いちだゆうじろう》、白鷺山《はくおうさん》實茂、片子沢村鳥谷御子《とやのみこ》、白鷺山實永、神道教師　白鷺實堅、玉井豊之助とある。最後の玉井豊之助は鷺沢神楽を立ち上げた神楽師匠である。白鷺氏は中・近世は羽黒派修験として、明治期は神職として八幡宮に代々奉仕している。本社の主祭神は誉田別尊《ほむたわけのみこと》（応神天皇）だが、自鏡山の吾勝神社等と同じく吾勝尊（天照大御神《あまてらすおおみかみ》の御子神）を配祀《はいし》している。

片子沢村鳥谷御子（巫女《みこ》）は鳥合神社《ちょうごうじんじゃ》（栗原市栗駒片子沢青ノ沢）神職で中世以来、鷺沢の白鷺氏とともに二迫の有力な羽黒派修験であった。注目は伊勢神宮の内宮々司の井面神主と外宮の有力御師《おんし》（神職で伊勢参拝者を案内するツアーコンダクター）である三日市太夫次郎が名を連ねていることである。井面神主は仙台領から伊勢へ参詣した者の内宮宿泊地であり、内宮御師として外宮の三日市太夫次郎とともに、江戸時代の伊勢講、明治期の神風講に関わるつながりと思われる。鷺沢の八幡神社は伊勢神宮の祭神・天照大御神の御子神を配祀しているのも一因であろう。したがって、この史料は鷺沢神楽が鷺沢村社八幡神社と密接に結びついていたこ

	明治12(1879)年	
	教導職(数)	教導職(%)
神官	194	22.8
僧侶	629	71.9
士族	18	2.1
平民	34	3.9
総数	875	100.7

明治12年の教導職数。神官・僧侶は全員が教導職に就いたため、両者の占有率が高い＝府県史料 - 宮城県11（国立公文書館蔵）より作成＝

と、神楽師匠が神風講（神宮教）の布教に関与していた可能性を示している。

刈敷神楽（栗原市志波姫）に明治8（1875）年に発行された「神楽精進講《かぐらしょうじんこう》札（木札）」があるというが詳細は不詳である。似た例に岩手県の民俗芸能研究者、門屋光昭が報告する、神宮教岩手本部が明治22（1889）年に発行した「神楽講社札（紙札）」がある。これは神楽免状とされる。これと同様と見れば、刈敷神楽の木札も神宮教との関連が考えられる。

現在、知られる明治18（1885）年までの4例のうち1例（栗原神楽）が、宮城県神道事務分局の検査に合格してやや公的（非宗教行為）に教導と関わり、他は神宮教の布教（宗教行為）に関わった可能性を示唆している。後者が多いのは南部神楽の担い手は平民であり、試験合格者でないと教導職に就けなかったからである。同時期、法印神楽に出された神楽認可証で神宮教との関わりを示すものはない。明治前半期に見えるこの違いは、神職（旧法印）の関わる法印神楽が半ば公的な扱いを受けていたのに対して、南部神楽は民的な扱いを受けていたことによる。

5 明治後期・大正期の南部神楽

明治15（1882）年に官国幣社神職が教導職を兼務することが廃止される。府県社以下の神職はこれまで通り兼職した。ついで明治17年に教導職が全廃される。明治期の新しい神道を民衆に説教する、半ば公的な役割を果たす場が失われ、神社と地域の関わりは新しい局面を迎えた。こうして明治20年代後半、法印神楽が授与された宮城県内神職取締所（宮城県神道事務分局の後身）が発行した神楽認可証に「○○神社附属神楽」の文言が入る。神社祭礼で行われる地域神社の芸能として、法印神楽が位置づけられた。同時期、南部神楽でこの文言が入った認可証は今のところ見当たらないが、地域においては江戸時代に顕著に見られた法印神楽との区別は、徐々になくなっていったと思われる。

南部神楽の演目には前述したように二つの側面がある。一つは法印神楽と同様、神話の神々が登場する演目で、これを神舞（神事）としている。他は源平合戦などの物語を演目にしたもので、これを劇舞（段事）といっている。劇舞を江戸時代から行っていた神楽組もあるが、いつから広く普及したかは不明である。

時期	宮城県	岩手県	計	
	団体数	団体数	団体数	%
江戸時代末期	10	6	16	6.6
明治元年～ 20 年	22	24	46	18.9
明治 21 年～ 45 年	33	39	72	29.5
大正期	21	21	42	17.2
昭和元年～ 20 年	14	8	22	9.0
昭和 21 年以降	36	10	46	18.9
合計	136	108	244	100.1

南部神楽の開始時期（笠原『南部神楽に親しむ』より、一部改変）

南部神楽は明治期に始められたものが約半数を占める。明治初期、法印神楽組が解体した中で、南部神楽が法印神楽に代わって神社祭礼等に招かれ、興行として始められた例もあろう。

栗原市金成の民俗を調査した『普賢堂の民俗』によれば、明治初期頃に成立した有壁神楽（栗原市金成）は、西岩井郷市野々村（一関市萩荘）で神楽を習った佐藤善七が初代師匠を務めた。その後、普賢堂近くの村から明治20年（1887）頃に婿入りした千田文治が2代目師匠に就いた。神楽は「祭りの季節になるとあっちこっち呼ばれて行った。新築祝いにも呼ばれた。三番叟《さんばそう》、岩戸入り、岩戸開きの順で神事《かみごと》が舞われる」「始めは神事しかやらなかったが、文治氏が来た頃から段事《だんごと》が始められたらしい」。これによると有壁神楽は明治20年以降に劇舞が始められ、それ以前は神舞のみであった。南部神楽が明治20年以降の後半期に始められた例が多いのは、この時期に劇舞が活発になり、より民衆に受け入れられたからかもしれない。

南部神楽の劇舞は、歌舞伎に似た劇として受け入れられた。江戸時代後期、歌舞伎は江戸、大坂、京だけでなく、名古屋、金沢、鹿児島など地方都市でも賑《にぎ》わった。明治の世になると、歌舞伎を上演する地芝居が各地で成立した。南部神楽を見るのは伝統的な神楽と芝居の二つを見るのと同じであり、明治期における流行は、こうした状況が背景にあると思われる。

南三陸町戸倉滝浜に江戸時代、薬師堂があった。藩祖伊達政宗及び12代藩主の伊達斉邦《なりくに》が眼病を患った折、この神に祈願して快癒した由緒がある。薬師堂は明治4（1871）年に滝浜鎮守久須志《くすし》神社《じんじゃ》と改称された。神職・氏子たちは神社の神楽として、現在の登米市東和町から飯土井《いいどい》神楽《かぐら》（南部神楽）の師匠を招き、神舞（ここでは神事舞《しんじまい》）を奉納する滝浜神楽を組織した。

大正14（1925）年、世は不況で困苦欠乏に耐えて強く生き抜かねばならぬ此《こ》の秋、有志相計り伊達家の氏神でもある当滝浜鎮守の久須志神社の神事舞として神楽を組織することに決し、師匠として及川榊先生を招くことになった。

大正14年10月3日

師匠　登米郡米川村鱒渕飯土井

登米郡神楽取締人　及川榊

南三陸町戸倉は江戸時代、本吉郡南方の羽黒派法印（修験者）が神楽組を組織して法印神楽を行っており、明治以降も法印（神職）が同様の神楽組で法印神楽が継承されている。その戸倉に新しく成立した滝浜神社は、祭礼に法印神楽を招待するのではなく、あえて自分たちの南部神楽を組織した。明治後半から大正期、法印神楽、南部神楽を問わず、地域の神楽として創始される例が県内で見られ、その風潮に沿ったものだが、浜神楽分布域における南部神楽の勢いを示す例として、着目すべきものである。

明治17（１８８４）年に教導職制度が廃止され、明治後半期以降、南部神楽と法印神楽の間に区別はなくなったと思われる。この時期の南部神楽は、神舞を中心にしながら劇舞を合わせた神楽として地元・地域に受け入れられたのであろう。

戦後、社会が大きく変化した。その中で戦後に創始された宮城県内の南部神楽は、明治後半期に次いで、明治前半期と並んでおり、第２次南部神楽ブームといえる状況であった。神社と地域・氏子の新しい関係に、南部神楽が大きな役割を果たしたと思われる。また、南部神楽を中心とする神楽大会がこの頃に県内及び岩手県南部で始められる。その代表は令和元（２０１９）年で第69回を数えた東北神楽大会（栗原市、旧暦8月1日）である。こうした大会は劇舞に人気があり、それが庶民の芸能として受け入れられたものである。

南部神楽が持つ神舞と劇舞の二つの側面及び当初から帯びている興行性はこの神楽の基本軸で、南部神楽はこれらの軸を守りながら、時代に適応して変化してきた。

第5章　十二座神楽の拡大

1　十二座神楽とは

富谷市から南の地域で行われている十二座神楽は、それより北で行われている法印神楽や南部神楽とはだいぶ趣が異なる。舞人《まいびと》はせりふを唱えないし、太鼓打ちも神歌を唄わない。舞人は太鼓と笛の音に合わせて、パントマイムで流れに沿って舞う。この神楽では演目のことを座といっている。座は鉾《ほこ》、刀、弓、鈴などの採り物《とりもの》で祈祷《きとう》をする舞と、神話を題材にしたストーリーの能に大別される。舞人にセリフがないのは共通で、前者は面を付けず、後者は面を付けることが多い。この大別について榊流《さかきりゅう》青麻《あおそ》神社神楽《じんじゃかぐら》（仙台市宮城野区青麻）は、前者を濫觴舞《らんじょうまい》（始まりの舞の意）、後者を曲舞《くせまい》（謡と鼓に合せて、扇等を持っての舞の意）としている。

十二座神楽は廃絶したものを含め、県内で75団体が知られている。仙台城下を含む旧宮城郡が多く、県南では伊具郡、柴田郡、刈田郡、亘理郡の順で多い。よく知られている熊野堂神楽《くまのどうかぐら》（名取市高館熊野堂）や道祖神神楽《どうそじんかぐら》（名取市愛島笠島）のある名取郡は、県南で最も少ない。

昭和31（1956）年に刊行された『宮城縣史19』において、本田安次はこの神楽を岩戸神楽と呼び、県北部の法印神楽、南部神楽とともに紹介した。県南各地で行われている個々の神楽は熊野堂神楽、榊流神楽、十二神楽、十二座神楽、岩戸神楽、仙台神楽、蔵王神楽、神代神楽《じんだいかぐら》、代々神楽《だいだいかぐら》、あるいは法印神楽、山伏神楽を称して多種多様であり、それらを総称する神楽名の提唱であった。

岩戸神楽は、舞人が多種の採り物を持って舞うことを特徴とする出雲流神楽であることを明確にしたわけだが、法印神楽も南部神楽も、同じ出雲流神楽という意味では岩戸神楽として括《くく》っても誤りではない。そこで宮城県の民俗芸能研究者、千葉雄市は別の名称を提案した。岩戸神楽は「九州阿蘇地方で用いられていること」、岩戸開き・岩戸入りなどが「神楽演目に組み込まれていないものが大半であること」、さらには「旧仙台藩領内に独特の系統的な特色を持つ、これらの黙劇で12の演目を主とする神楽はそれにふさわしい名称を選定すべき」として、昭和61（1986）年に十二座神楽と命名し、現在はこの名称が定着している。

宮城県の十二座神楽と同系統の神楽は、関東地方各県、東北地方南部の福島県・山形県、新潟県等の広い範囲で行われている。関東地方、東北地方南部では太々神楽《だいだいかぐら》、永代代々神楽《えいだいだいだいかぐら》、神代神楽、里神楽とも呼ばれる。太々神楽はさまざまな持ち物を手にして舞い、神話を題材にした黙劇で構成されている舞のうち、大規模で座数が多い神楽を指すことがある。これらはいわゆる出雲流神楽が関東地方に入り、広まったものとされる。

出雲流神楽は、島根県松江市の佐太神社《さだじんじゃ》で行われている御座替神事《ござがえしんじ》の神楽から始まったとされる。御座替神事は神が座す場に敷く茣蓙《ご ざ》筵《むしろ》を敷き替えるもので、前段に行う七座《しち ざ》の神事《しん じ》と後段の神能《しんのう》からなる。前段は茣蓙、剣、榊《さかき》などを持った巫者《み こ》が神招《かみお》きや鎮魂のために行う舞であり、後段は記紀神話にちなんだ神々の歌舞を能風に仕組んだ舞である。神楽としてはこれらの舞を佐陀《さ だ》神能《しんのう》といっている。同神社では「古くは慶長年間（1596～1615年）に社家の宮川秀行が京都の猿楽能の所作を学んで帰り、その方式を採用して面を着けた舞踊劇の神能が新たに加わった」とする。秋保神社神楽（仙台市太白区秋保町）を伝える秋保神社（江戸時代までは諏訪神社）の史料で第6世別当（1598年没）の欄に、「当社へ奉納の神楽は宮川流と申して数なき舞なり」とある。この宮川流を宮川秀行が始めた神楽とすれば、成立して間もなく佐陀神能の情報が仙台に伝わり、当地でこれを宮川流と呼んでいたことになる。

福島県や関東地方ではこの系統の神楽を太々神楽とも十二座神楽ともいう。その呼称の区別はもともと36座（演目）を太神楽《だいかぐら》、あるいは太々神楽といい、12座を小神楽としていたことによる。すなわち両者の区別は曲編成の大小によっていた。関東地方の太々神楽（十二座神楽）は、最大で36の座（演目）があり、それを祈願者の希望によって12座あるいは時に25座に仕組んで、神主が舞った神事芸能に由来する。

江戸の神楽にはこの他、神楽興行を職業とする神楽師が行う里神楽があった。里神楽は神社や氏子の依頼を受けて神社に出向き、獅子舞や奉納武道、競射《きょうしゃ》（的に弓を射る競技）などとともに祭礼の賑《にぎ》わいを演出する、神賑《かみにぎわい》行事《ぎょうじ》として行われた。このため里神楽は、庶民の希望に応えて娯楽性の高い芸能を目指し、民衆向けの変化を重ねた。能・狂言、操り芝居（人形浄瑠璃）、歌舞伎など、その時々に流行した芸能を里神楽に取り入れた。あるいは江戸で興行された無言劇の壬生狂言《みぶきょうげん》（京都市・壬生寺）の影響をいち早く受けて、黙劇の神楽を流行させたという。この系譜をひく埼玉県や東京都で行われている現行の里神楽では、祈祷の舞、神々の能とともに桃太郎、浦島太郎等のお伽神楽《とぎかぐら》、信田《しのだ》の森《もり》の古狐《ふるぎつね》、源《みなもとの》三位《さんみ》頼政《よりまさ》のぬえ退治等、歌舞伎や文学等を題材にした近代物を演じている所がある。南部神楽にも信田の森（葛《くず》の葉《は》子別れ、陰陽師《おんみょうじ》で知られる安倍晴明出世物語）がある。里神楽はこの種を近代物としている。明治期の芝居盛行に触発されて各地で神楽に取り入れられ、宮城県では南部神楽に見られるが、十二座神楽はこれを導入しなかったようである。

演目の多い太々神楽から12座を定着させたのは、鷲宮神社《わしのみやじんじゃ》土師《はじ》一流《いちりゅう》催馬楽《さいばら》神楽《かぐら》（埼玉県久喜市）という。土師流《はじりゅう》と呼ばれる同神楽は関東地方に伝わる多くの神楽の源流と位置づけられる。鷲宮神社で12座の座名が確立したのは宝永５（１７０８）年とされる。

2　十二座神楽の位置

かつては、座の数によって区別していた太々《だいだい》神楽、十二座神楽だが、現在は数に関係なく演目が12座でも太々神楽、36座前後でも十二座神楽として、明確な区別がなくなっている。

宮城県内の十二座神楽の座数（演目数）は12が基本で、それより多い2、3の演目を番外としている。また座の名称が似ているものが多いことから、宮城県内の十二座神楽が始められたのは鷲宮神社《わしのみやじんじゃ》土師《はじ》一流《いちりゅう》催馬楽《さいばら》神楽《かぐら》（埼玉県久喜市）で12座が確立した宝永5（1708）年以降と考えられる。もちろん県内にも宝永5年以前に始められたと思われる神楽があった。それには、鷲宮神社になくて県内の多くで行われている獅子舞等が含まれていた。その神楽名は福島県以南のように太々神楽であったと思われる。榊流《さかきりゅう》永代神楽（富谷市大亀）をはじめ、榊流大町神楽（白石市大鷹沢大町）の別称である大町大神楽、金津神楽《かなつかぐら》（角田市藤尾尾山内町）の別称である金津太神楽、鷲ノ平神楽（丸森町筆甫）の別称である鷲ノ平代々神楽等はかつて県内で太々神楽が行われていた可能性を示唆している。

県内75団体をグループとして見ると、社家《しゃけ》系（仙台通町系、仙台丹波系、道祖神系、熊野堂社家系）と修験系（熊野堂修験系、蔵王修験系）の2大別6細別に分けられる。

仙台市内で行われているのは通町系と丹波系である。通町系の中心は通町熊野神社神楽（仙台市青葉区通町）である。この神楽は社伝によると宝暦7（1757）年に始まったという。ここから明治初年に生まれたとされる仙台東照宮神楽（仙台市青葉区東照宮）をはじめ、二柱神社神楽（仙台市市泉区市名坂）、堤町天神社神楽（仙台市青葉区堤町）等、いずれも神社付属の神楽である。

丹波系の中心は木下白山丹波神楽（仙台市宮城野区木ノ下）である。創始年代は不明だが、白山神社神職、湯原丹波掾《ゆはらたんばのじょう》が天保7（1836）年に山形県東根市の若宮八幡神社に伝えた記録（若宮八幡神社太々神楽）が、『北村山郡史』に記されている。

東根八幡社記録
右神楽舞方師匠は、天保7申年5月29日、仙台城下国分木下白山祠官《しかん》湯原丹波掾《じょう》・同倅《せがれ》豊之助来り、同月30日より稽古始め、6月22日迄《まで》に成就

丹波は現在の京都府、兵庫県等にあった国名だが、ここでの丹波系は白山神社神職が名乗った官職名に由来するもので、白山神社の社家神楽という意味である。

榊流青麻《あおそ》神社神楽（仙台市宮城野区）は、文化4（1807）年に青麻神社の神主が京都で白川神祇伯家《しらかわじんぎはくけ》（神祇官《じんぎかん》の長官）より伝授されたという。近くの富谷市大亀にある榊流永代神楽は

青麻神社神楽から弘化5（1848）年に伝わったとされる。大亀明神社（現在は鹿島天足別《かしまあまたりわけ》神社《じんじゃ》）に奉納される神楽で、移伝当時の神主は加美郡中新田の三浦大和正《みうらやまとのじょう》（大和掾）で、神職が神楽に従事する社家神楽として伝わっている。榊流（熊野堂系を指す）とするが、現在行っている神楽の芸態は丹波系である。

道祖神系の中心は道祖神神楽（名取市愛島笠島）である。社伝によれば、安永年間（1772～81年）に奏し、その後、天明7（1787）年に絶えたという。そこで文政2（1819）年3月に道祖神社の神主であった宍戸壱岐が常陸国（茨城県）鹿島神社総行事、鹿島出羽守から神楽を伝授されたという。道祖神社は旧社名で現在は佐倍乃神社《さえのじんじゃ》である。ここから花町神楽（名取市飯野坂、江戸時代）、沼辺八幡神社神楽＝村田町沼辺、安政6（1859）年及び明治13（1880）年＝、早股熊野神社神楽＝岩沼市早股、明治4（1871）年＝、八雲神社神楽＝蔵王町円田、明治15（1882）年＝に伝わった。この神楽も神社の社家神楽として伝わっている。花町神楽は江戸時代、鹿島神社（名取市飯野坂）に伝わったが久しく中断し、維新後に再興し、鹿島神楽（名取市飯野坂）と称した。明治42（1909）年に鹿島神社が館腰神社（名取市植松）へ合祀《ごうし》された折に、鹿島神社が館腰神社へ提出した書類に明治10（1877）年5月17日に県神道事務局が発行した神楽取締免許を受けたことが記されている。神楽名は合祀後に花町神楽と改称された。

十二座神楽の市町村別分布

郡	市町	社家系						修験系	
		仙台通町系	仙台丹波系	仙台丹波+熊野堂系	道祖神系	熊野堂（社家）系	熊野堂+法印神楽系	熊野堂（修験）系	蔵王修験系
黒川郡	富谷市			1					
宮城郡	塩竈市			1					
	仙台市	7	3			2	1		
名取郡	名取市			2	2	2			
	岩沼市				1				
柴田郡	川崎町							1	
	村田町				1			3	
	柴田町							5	
	大河原町							2	
刈田郡	白石市							4	
	蔵王町				1	1		4	
亘理郡	亘理町							2	
	山元町							3	1
伊具郡	角田市							4	
	丸森町							8	1
計		7	3	4	5	5	1	36	2

　道祖神系は他グループにない特有の座（演目）がある。岩戸開之舞、浮橋之舞、浪之神楽がこれである。うち岩戸開之舞、浮橋之舞は鷲宮神社土師一流催馬楽神楽（埼玉県久喜市）の十二座のうち、磐戸《いわと》照《しょう》開諸神大喜《かいしょしんだいき》之《の》段《まい》（磐戸開）、八州《やしま》起源《きげん》浮橋《うきはし》事《わざ》之《の》段《まい》（浮橋の舞）の俗称である。道祖神神楽は以前に48座あったといわれており、12座に変わる以前、太々神楽が行われていた可能性が高い。

　熊野堂社家系の中心は熊野堂神楽（名取市高舘熊野堂）である。名取熊野三山の一つ、熊野神社（旧熊野新宮社）で行われている神楽で、文治2（1186）年に京都の神楽ケ岡から伝わったという。神楽の始まりは中世にさかのぼるとしても、12座からなる現行の神楽は鷲宮神社土師一流催馬楽神楽（埼玉県久喜市）が確立した宝永5（1708）年以降に整えられたとするのが妥当である。

熊野堂神楽の他、白山神社神楽＝蔵王町円田白山、明治16（1883）年＝、生出森《おいでもり》八幡神楽＝仙台市太白区茂庭、明治27（1984）年＝、今熊野神楽＝名取市高舘吉田、大正末（1926年）頃＝、それに廃絶した舞台八幡の神楽（仙台市太白区長町、明治27年以前）がある。いずれも神社や神職を中心に行われていたものである。

　熊野堂神楽の12座と番外3を含めた15演目のうち、鷲宮神社土師一流催馬楽神楽（埼玉県久喜市）12座と共通するのは、祓徐清浄杓大麻《ばつじょせいじょうしゃくおおぬさ》之段《のまい》（奉幣舞）、浦安四方国堅《うらやすよものくにがため》之段《のまい》（国固め舞）、鎮悪神発弓《ちんあくじんはつきゅう》靫負《うつぼ》之段《のまい》（小弓舞）、天照国照太祝詞神詠《あまてるくにてるふとのりとじんえい》之段《のまい》（神子舞）、五穀最上国家経営《ごこくさいしょうこっかけいえい》之段《のまい》（種蒔舞）、翁三神舞楽《おきなさんじんぶがく》之段《のまい》（三剣舞《みつるぎまい》）の6座である。残りの9座は熊野堂（社家）系独自のものである。番外とする湯の花の舞は祭礼前夜の宵宮に拝殿で行われる湯立《ゆだて》の神楽である。この演目は他に伝わっていない。舞台八幡の神楽は創始時期不明、他の3神楽は明治以降の移伝である。江戸時代、熊野神社の神楽は一社相伝とされており、基本的に他所へ伝えないようにしていた。

　十二座神楽の中に熊野堂神楽から伝わったとして榊流を名乗る神楽がある。名乗っているのは丹波系＋熊野堂社家系の2団体＝榊流永代神楽（富谷市大亀）、榊流青麻神社神楽（仙台市宮城野区岩切）＝と、熊野堂修験系の11団体である。熊野堂（修験）系で榊流を名乗る神楽には後述するように関連をうまく確認できないものがあり、これについては今後、もう少し時間をかけて詳しい検討が必要と考えている。

熊野堂修験系は36団体で最も多い。修験を中心に行われていた神楽で社家系の7倍もの団体数がある。社家系にない栄矛舞《さかえほこまい》、剣舞、春日舞、明神神子舞はいずれも鷲宮神社土師一流催馬楽神楽（埼玉県久喜市）12座のうち、降臨《こうりん》御先《みさき》猿田彦《さるたひこ》鈿女《うずめ》之段《のまい》（栄鉾舞）、大道神宝《たいとうしんぽう》三種《さんしゅの》神器《じんぎ》事《わざ》之段《のまい》（剣舞）、天神地祇《てんじんちぎ》感応納受《かんのうのうじゅ》之段《のまい》（春日舞）、（番外）天津国津《あまつくにつ》狐《きつね》之舞《のまい》（明神神子舞）の俗称である。熊野堂神楽（名取市高舘熊野堂）から伝わったというが、熊野堂神楽で行っていない座が鷲宮神社土師一流催馬楽神楽と複数共通するため、熊野堂系と称しても熊野堂神楽から移伝した可能性は低い。仙台及び名取の道祖神系と熊野堂社家系は神社の社家を中心とした十二座神楽であるのに対して、熊野堂修験系は同じ十二座の神楽を導入したことで類似していても、かつての担い手は修験であったことに大きな違いがある。

熊野堂修験系は柴田郡、刈田郡、亘理郡、伊具郡の県南諸郡で行われている。柴田郡、刈田郡は江戸時代、本山派修験である宗吽院《そううんいん》（丸森町舘矢間木沼）の支配地域であった。県南の本山派修験は蔵王修験、蔵王山伏と称し、金峯山《きんぷせん》（奈良県吉野町）等の根本道場とは別途、蔵王連峰（不忘山、刈田岳）に独自の行場、蔵王国峯道場《ざおうこくぶどうじょう》を開き、蔵王派として総本山の聖護院門跡《しょうごいんもんぜき》から認められていたという。県南に多い熊野堂（修験）系は宗吽院、あるいは亘理郡、伊具郡を支配していた、本山派修験・東光院《とうこういん》（角田市尾山）も含まれるかもしれないが、これらの蔵王修験が行っていた修験系神楽に源流があると見られる。

蔵王修験系は竹ノ内神楽（丸森町大内竹ノ内）と坂元神社神楽（山元町坂元屋敷南）で、ともに山伏姿で舞う。修験者が修行のために山岳の霊場などに入ることを意味する入峰を演目にした、入峰《にゅうぶ》の舞など修験色が強いのが特徴である。修験者の神楽ということで熊野堂修験系と密接な関係にある。

一本剣舞は多くの修験系で行われており、剣舞（二本剣）、三剣舞と合わせ、剣による祈祷《きとう》の演目が充実している。修験の神楽にふさわしい演目構成といえよう。

3　十二座神楽の動向

江戸時代、大崎八幡宮（仙台市青葉区）、亀岡八幡宮（仙台市青葉区）、熊野神社（名取市高舘熊野堂）及び道祖神社（名取市愛島笠島、現在は佐倍乃神社《さえのじんじゃ》）は藩から扶持《ふち》を受けた社人が祭礼で神楽を演じていた。この4神楽を仙台藩神楽ということがある。大崎八幡宮と亀岡八幡宮の神楽は異伝系法印神楽であるが、江戸時代、両神楽も社家神楽であった。異伝系の獅子舞は最初に出て神楽舞台を清めるが、大崎や亀岡の獅子舞は最終演目にした。これは仙台藩神楽として熊野堂神楽や道祖神神楽の十二座神楽の獅子舞に順番を合わせたのではないかと考えられる。

県南各地の十二座神楽の中で開始時期が判明している50団体では、江戸時代に始められたものが18団体と最も多い。江戸時代に始められた比率が高いのは法印神楽と同じである。南部神楽と十二座神楽は明治期に始められた団体が多く、中でも明治後期（本書では明治20年以降とした）が多い点が共通点する。明治期に地域の神楽として県北は南部神楽、県南は十二座神楽が受け入れられた。法印神楽が明治前期に多いのは江戸時代の神楽組をベースにして法印（神職）が新たに始めた神楽がこの時期に集中したことによる。

十二座神楽の開始期をグループ別に見ると、江戸時代が多いのは通町系、丹波系、道祖神系、熊野堂社家系の社家神楽である。対して、明治期以降に多いのが熊野堂修験系である。南部神楽ほど増えてはいないが、同神楽と同じ歩調であり、熊野堂修験系は明治期に修験道が廃止されて以降、村社等の氏子が中心になって始められたものが多い。明治期の神社神道体制下において、この時の神楽は祭礼の神賑《かみにぎわい》行事《ぎょうじ》（純粋な神事と区別された娯楽的要素の強い催事）の一つとして扱われた。

一方、通町系、丹波系、道祖神系、熊野堂社家系を伝える仙台市や名取郡では明治期以降にピークがあるわけではない。神賑行事としての神楽ではなく、明治期以降も社家神楽としての誇

法印神楽・南部神楽・十二座神楽の開始時期

時期	法印神楽		南部神楽		十二座神楽	
	団体数	%	団体数	%	団体数	%
江戸時代	9	34.6	10	7.4	18	36.0
明治前期	6	23.1	22	16.2	10	20.0
明治後期	1	3.8	33	24.3	11	22.0
大正期	4	15.4	21	15.4	9	18.0
昭和前半期	4	15.4	14	10.3	1	2.0
昭和戦後期	2	7.7	36	26.5	1	2.0
計	26	100	136	100.1	50	100

りが保たれていた。丹波流の青麻神楽（仙台市宮城野区岩切）は、明治９（１８７６）年５月17日に仙台中教院で神楽試験を受けて、榊流青麻神社神楽として認証された。その史料に「調節を尊び姿態を重じ、乱舞に流れず、笑曲に失せず、壮重と中庸とを保存す」とあるのは明治期法印神楽の神楽観と似ている。雄勝法印神楽の「神楽の道志留辺《みちしるべ》」＝明治26（１８９３）年刊＝が「戯《おど》ける業を神楽と唱えるのは神をあざむくこと」と見るのと同じで、法印神楽と十二座神楽のうち社家神楽の神楽観が共通している。

熊野堂社家系の生出森八幡神楽（仙台市太白区茂庭）は明治27（１８９４）年３月21日に宮城縣《けん》内神官取締所から発行された神楽認可証を所有している。そこに「生出村々社生出森八幡神社附属神楽」とあり、14の番組名と石垣勘三郎ら舞子《まいこ》11人の名前、伝習にあたった熊野堂神楽（名取市高舘熊野堂）の師匠が師南人として記されている。舞子の１人、石垣勘三郎は22歳の時に神楽を学んだ。石垣は独文学者・文芸評論家で夏目漱石の研究者としても知られる小宮豊隆から聞き取りを受けた。それによると生出森への神楽招聘《しょうへい》は八幡神社神職が主導した。

是非此所《ここ》にもお神楽が欲しいといふので、ごく親しくしておいでになっていた、高舘村熊野堂の神主、板橋徳之進さんに、どうか来て、此所の若い者に、熊野堂の神楽を教へてくれるやうにと、頼んで下さった。

十二座神楽のグループ別開始時期

時期	通町系	丹波系	道祖神系	熊野堂(社家)系	熊野堂(修験)系	計
江戸時代	2	4	3	2	7	18
明治前期	1		2	1	6	10
明治後期				2	9	11
大正期	1			1	7	9
昭和前半期		1				1
昭和戦後期					1	1
計	4	5	5	6	30	50

その時分はまだなかなか掟《おきて》が厳しく、余所《よそ》の者には決してお神楽を教えてはならない事になっていたので、板橋さんも当惑なさったやうでありましたが、日頃親しくしてゐる高橋さんの達っての頼みではあり、致し方がないといふので、到頭、板橋さんは、毎夜、夜が更けてから、そっと闇に紛れては此所（茂庭）へ通って来て、私どもにお神楽を教えて下さいました。

当時仙台の寺小路に通教院（宮城県神道中教院のこと）といふのがあって、其所《そこ》でお神楽を舞って見せて、試験を受ける事になっていたのです。其所で私どもは通教院へ出て、修業した十四幕の舞を舞って試験を受け、合格して免許状を渡され、大体、此所の八幡神社の附属神楽といふ事になりました。

社家神楽が明治期にも容易に他の地区へ伝わらなかった事情がうかがえる。神職は自らが仕える神社の神楽に誇りを持ち、伝える場合には神職自らが伝習に関与するなど、相当の覚悟と責任を担った。

熊野堂修験系では深山神社《ふかやまじんじゃ》付属立花小川流神楽（柴田町富沢字深山）に明治11（1878）年9月13日、宮城縣《けん》神道事務分局から神楽認可証が発行されている。この時に富沢村深山神社神楽として12番が検査された。深山神社は江戸時代、新山権現社といい、真言宗蓮性院が別当寺であった。明治初年に別当寺が廃寺となり、神社は深山神社に改められた。神楽は新社号になった明治初年から準備され、習熟してから試験を受けたと考えられる。明治11年に神楽取締（師匠）を認可された熊谷伊勢松が明治18（1885）年の神社祭礼に神楽執行届を提出、さらに神社総代として神輿《みこし》巡行及び山車巡行許可願を大川原警察署長に提出し、それぞれ許可された。そのうち神楽部分を『柴田町史』から引用する。（筆者口語訳）

①神楽御届

明治18年4月18日 柴田郡富沢村村社深山神社境内において同日午後1時より神楽を執行するため、神楽番組の写し（②）を添えて御届します

柴田郡富沢村廿弐地番 神楽取締 熊谷伊勢松

明治18年4月14日

②　柴田郡富沢村深山神社神楽 番組

一幣帛舞　一神子舞　一四方堅舞　一天之逆鉾舞　一種子蒔舞　一破魔弓舞

一山神舞　一恵比須舞　一鎮国舞　一道知方之舞　一三剣舞　一獅子舞

右検査を遂げた

明治11年9月13日　宮城縣神道事務分局

③　熊谷伊勢松

柴田郡富沢　村深山神社神楽取締を申付る

明治11年9月13日　宮城縣神道事務分局

第6章　大乗神楽の対応

1　大乗神楽の名称

大乗神楽《だいじょうかぐら》は旧南部領の岩手県北上市及び花巻市で行われているが、江戸時代の仙台領にあたる胆沢郡（奥州市）等で行われていた法印神楽との関連が見られる。

平成30（2018）年に出版された『北上・花巻地方の大乗神楽調査報告書』は、大乗神楽と山伏神楽の関係について、次のように述べている。

修験山伏の手で伝承されていた獅子神楽の一つで、手次（手の振り付け）や踏み足、九字（加持祈祷《きとう》時の九つの手の結び方）など修験の呪法を取り入れた祈祷色の濃い神楽である同・じ・山・伏・神・楽の早池峰神楽（国指定重要無形民俗文化財）とは、演目の名称も舞い方も全く異なり、早池峰神楽が神道色の濃い「動」の神楽とすれば、大乗神楽はゆるやかな所作の仏の教えを伝えようとする「静」の神楽といえる。

大乗神楽は岩手県花巻市の山伏神楽、宮城県の法印神楽と同じで、江戸時代に修験者（山伏、法印）が行っていた神楽に源流がある。分布している地域は両神楽に挟まれた北上周辺である。

この神楽を山伏神楽と同類と見て、権現舞を重視する獅子神楽とするか、法印神楽と同類と見て、舞手の持ち物に特徴のある出雲流神楽とするかは見解が割れている。岩手県の民俗芸能研究者の森口多里は昭和49（1974）年の『岩手県民俗芸能誌』で、「大乗神楽はやはり山伏神楽

和賀大乗神楽＝北上市

村崎野大乗神楽＝北上市

早池峰（岳）山伏神楽＝花巻市

で、北上市に編入された和賀郡二子村《ふたこむら》、更木村《さらきむら》、和賀町に併合された岩崎村、同郡江釣子村《えづりこむら》等（現在はいずれも北上市）に伝承」されてきたとまとめた。一方、宮城県を足掛かりに全国の民俗芸能を研究した本田安次は、昭和9（1934）年に刊行した『陸前濱乃法印神樂』で、「陸中江釣子の大乗神楽」を「陸前浅邊《あさべ》（登米市中田町浅部）の法印神楽（日高見流浅部《あさべ》法印神楽）」等とともに異伝の法印神楽とした。

大乗神楽は法印神楽と同様、舞台上部に寺院にある天蓋《てんがい》に似た飾りを下げる。天蓋は仏像もしくは僧侶の座を荘厳（厳かに飾ること）する。大乗神楽はこの飾りを大乗妙典（優れた教えの経典、特に法華経）、あるいは大乗妙雲《だいじょうみょうてん》（優れた雲で天蓋の雅称）と呼ぶ。法印神楽は大乗飾りである。異伝系の薬莱神社三輪流神楽（加美町）は「舞台の屋根を宝形《ほうぎょう》（正方形の寄棟）にするのは大乗摩尼珠《まにじゅ》（仏教で霊験を示す宝の珠）を表わす」とする。宝形に飾る神楽舞台は願いをかなえてくれる神がいることを示しているのである。なお、大乗神楽は神だけでなく、次項で触れる大乗会で主役を務める法印も荘厳する。

岩手県における法印神楽系神楽の分布

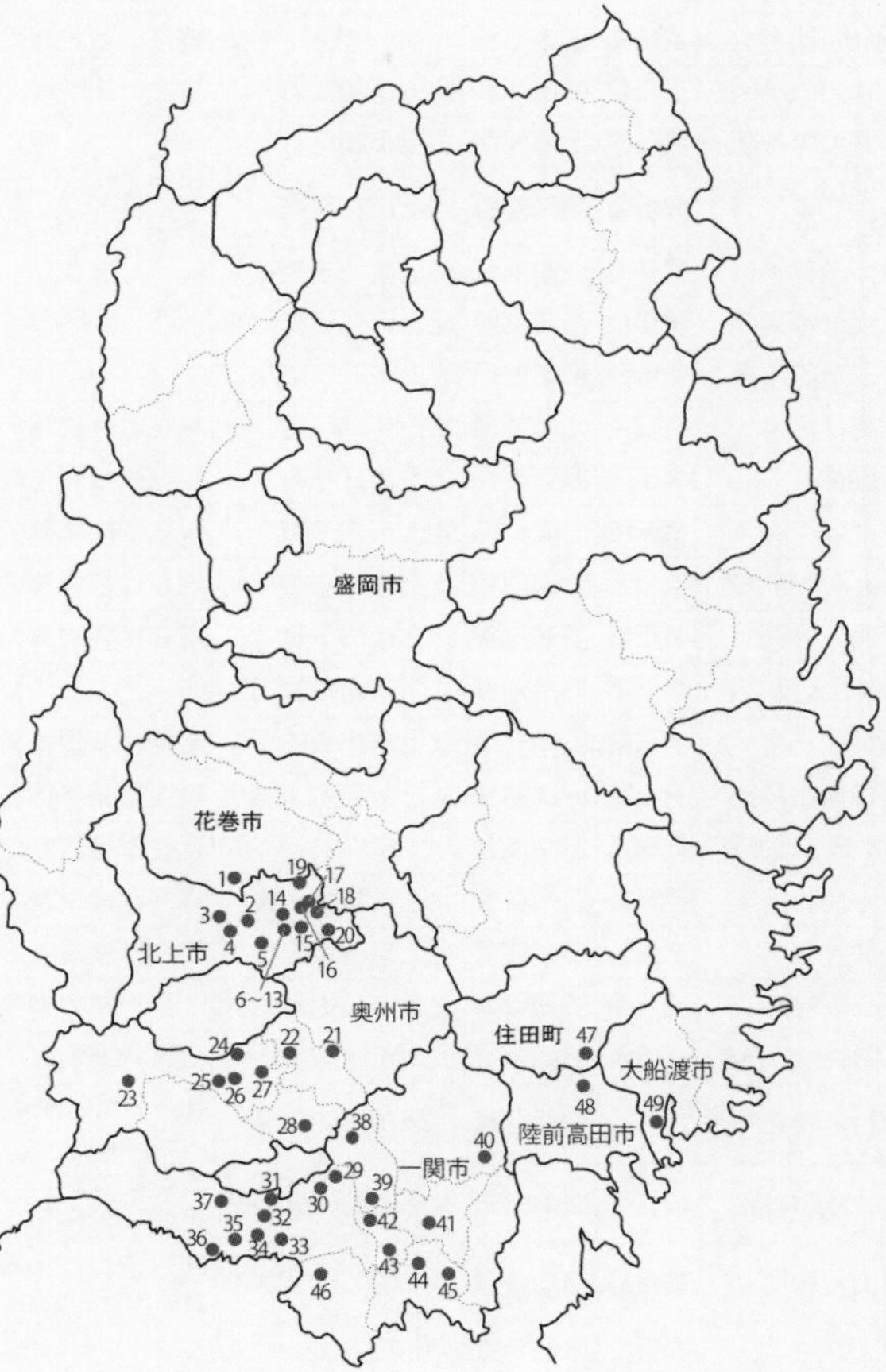

大乗神楽は旧南部領の北上市と花巻市で行っている１～19。他は旧仙台領の法印神楽で、異伝系（20～21、23～25、28）と浜系（26～27、29～49）がある

岩手県における法印神楽系の神楽（奥州市以北）

番号	神　楽　名	系統	旧　領	所　在　地	備　　考
1	笹間大乗神楽	異伝系	旧南部領	花巻市笹間	
2	下条和賀大乗神楽	異伝系	旧南部領	北上市北鬼柳・下条	現在は権現舞のみ。
3	長清水山伏神楽	異伝系	旧南部領	北上市和賀町	現在は権現舞のみ。
4	和賀大乗神楽	異伝系	旧南部領	北上市和賀町	
5	深山権現（岩崎二前神社）神楽	異伝系	旧南部領	北上市和賀町	延宝４年（1676）・天和元年（1681）の神楽書。
6	上宿和賀神楽	異伝系	旧南部領	北上市二子町	
7	宿大乗神楽	異伝系	旧南部領	北上市二子町	
8	二子築舘神楽	異伝系	旧南部領	北上市二子町	
9	中島神楽	異伝系	旧南部領	北上市二子町	現在は権現舞のみ。
10	高屋神楽	異伝系	旧南部領	北上市二子町	現在は権現舞のみ。
11	才ノ羽々神楽	異伝系	旧南部領	北上市二子町	現在は権現舞のみ。
12	山伏系岡島神楽	異伝系	旧南部領	北上市二子町	現在は権現舞のみ。
13	下通り神楽	異伝系	旧南部領	北上市二子町	現在は権現舞のみ。
14	村崎野大乗神楽	異伝系	旧南部領	北上市村崎野	
15	小鳥崎神楽	異伝系	旧南部領	北上市小鳥崎	現在は権現舞のみ。
16	山寺新山神楽	異伝系	旧南部領	北上市更木・山寺	現在は権現舞のみ。
17	更木石名畑神楽	異伝系	旧南部領	北上市更木・石名畑	現在は権現舞のみ。
18	更木大竹神楽	異伝系	旧南部領	北上市更木・大竹	現在は権現舞のみ。
19	飯豊神楽	異伝系	旧南部領	北上市飯豊・宇南	現在は権現舞のみ。
20	薬王院神楽	異伝系	旧仙台領	北上市口内町松坂	江戸前期の神楽面。廃絶。
21	出羽神社大乗神楽	異伝系	旧仙台領	奥州市水沢羽田町	大乗神楽演目に似る。
22	瀬台野神楽		旧仙台領	奥州市水沢真城	江戸後期の神楽面。現在は南部神楽。
23	猿山大明神神楽	異伝系	旧仙台領	奥州市胆沢若柳石淵	大乗神楽演目に似る。江戸後期の神楽面・書。廃絶。
24	新山社神楽	異伝系	旧仙台領	奥州市胆沢若柳新中	江戸末の神楽書はNO.23と同内容。廃絶。
25	中沢神楽	異伝系	旧仙台領	奥州市胆沢小山中沢	文政11年（1828）年の面。
26	十文字神楽	浜系	旧仙台領	奥州市胆沢小山南台	本吉流法印神楽。現在は南部神楽。
27	恩俗神楽	浜系	旧仙台領	奥州市胆沢小山恩俗	本吉流法印神楽。現在は南部神楽。
28	八穂茂神社神楽	異伝系	旧仙台領	奥州市前沢中村	寛永拾□（1633～1642）の神楽面。廃絶。

舞台上部の飾り

大乗神楽（北上市）

異伝系法印神楽伝書「御神楽之大事」（『雄勝法印神楽』より）

薬莱神社三輪流神楽（加美町）

日高見流浅部法印神楽（登米市中田町）

右上は浜系の法印神楽以前の法印神楽、異伝系の内上《だいじょう》（大乗）飾り。大（四角形、七百余尊掛 2.18㍍）、中（四角形、天二十八宿掛、1.86㍍）、小（円形・鏡等を掛ける）の三層構造をとる。これに比べ上左の大乗神楽は中大乗ほどの大きさの単層構造である。現行の異伝系は中・小の２層構造（右下・日高見流浅部法印神楽）と小大乗のみの単層構造（左下・薬莱神社三輪流神楽）がある。山伏神楽にこうした飾りはない。

2　江戸時代の大乗神楽

北上市の史料で大乗神楽と記された最初のものは文化14（1817）年の「（大乗神楽）」（旧伍大院蔵、北上市和賀町）である。ここに「大乗神楽番次《ばんつぎ》」として26演目が記され、演目ごとに舞人《まいびと》の数が記されている。明治以降の大乗神楽は33演目に統一されるので、演目数が体系化される前の神楽である。26演目の中で注目されるのは、33演目と違って大乗神楽で最高の祈祷舞《きとうまい》とされる榊舞《さかきまい》に初夜榊《しょやさかき》・後夜榊の別がなく、両者を合わせた榊舞になっていること、また権現舞が含まれていないことである。

北上市の南、旧仙台領にあたる奥州市水沢羽田町の出羽神社《でわじんじゃ》（明治期は郷社、江戸時代以前は江刺郡総鎮守とされる）にも大乗神楽と呼ばれるものがある。昭和4（1929）年に発行された『羽田村志資料《はだそんししりょう》』に次の記述がある。

（当社に）往古より伝わる古い祭式がある。陰暦6月14日丑刻（午前2時の前後1時間）から行う儀式で、五穀豊饒《ほうじょう》を祝する田植祭である。今その旧儀を略記すれば、先《ま》づ定刻になって本社殿において2番の神楽を奏する。1番に宮静《みやしずめ》、2番に神招《かみまねき》である。遠い昔は数番の神

楽を奏したというが今は伝わっていない。（筆者口語訳）

続いて、遠い昔に行われていた24演目が列記されている。

大乗神楽番立《ばんだて》

1番七ツ釜《ななつがま》　2番地割《じわり》　3番棟上《むねあげ》　4番宮静《みやしずめ》　5番工目《おうのめ》　6番榊《さかき》　7番蔓下《かつらのした》

8番龍天《りゅうでん》　9番普生《ふしょう》　10番地讃《じほみ》　11番荒神《こうじん》　12番七五三切《しめきり》　13番湯引《ゆびき》　14番神称《かみとなえ》

15番天王《てんのう》　16番神招《かみまねき》　17番大乗遊《だいじょうのあそび》　18番神拝《じんぱい》　19番魔王《まおう》　20番五大龍《ごだいりゅう》

21番笹結《ささむすび》　22番岩戸《いわと》　23番鬼門《きもん》　24番橋引《はしびき》

24演目のうち15番天王、20番五大龍は山伏神楽との関連がうかがわれる名称である。一方で4番宮静、12番七五三切、18番神拝、21番笹結、23番鬼門は北上の文化14（1817）年史料にもある、法印神楽系の演目名である。北上の史料との類似から出羽神社の神楽は33番の大乗神楽が成立する以前の「大乗神楽」（以後、現行の大乗神楽が成立する前に行われていた大乗神楽を括弧《かっこ》付きで表す）と推定される。

奥州市胆沢若柳石淵の於呂閇志神社《おろへしじんじゃ》（旧社名は猿山大明神《さるいわだいみょうじん》）にも神楽史料が伝わる。その中に明和8（1771）年、天明年間（1781~89年）、安政年間（1854~60年）の史料があり、それぞれ13、22、18演目が記されている。先に触れた奥州市水沢羽田町の出羽神社大乗神楽の24演目を含め、これらの神楽は、権現舞がないこと、榊舞のみであることなど、北上の「大乗神楽」史料に記された26演目と共通している。

江戸時代に東北地方を巡って各地で行われている習俗を記録した菅江真澄は「道奥の国胆沢の郡（北上市南端、奥州市、金ケ崎町）神楽唄」に当地の「大乗神楽」のことを記している。

優婆塞《うばそく》（在家の男性信者）の神楽である。これはすべて羽黒派の山伏が集まって舞う。重き神楽（重要な神楽）を大嘗《だいじょう》といっている。きぬがさ（衣笠）の下に居て補任《ぶにん》（状）をひらくなど、その由緒はものものしいものがある。（筆者口語訳）

大嘗は大乗会、衣笠は天蓋《てんがい》でもあることから舞台中央の大乗飾り、その下で羽黒派山伏が本山から官職や役職を任命された文書・補任状を披露する儀式が行われるとあり、大乗会を伴う「大乗神楽」が仙台領の胆沢郡で行われていたことがわかる。

これらのことから、江戸時代中期、演目が少ないなどの点で現行の大乗神楽と異なる「大乗神楽」が旧南部領の北上、さらには旧仙台領の胆沢郡で行われていたことは明らかである。こうした「大乗神楽」はいつから行われていたのであろうか。

北上市の「大乗神楽」史料に、延宝4（1676）年の「天王ノカンタイキ（神談義《かみだんぎ》＝神が義を説く言葉・せりふ）」（旧伍大院蔵、北上市和賀町）がある。内容は現在の演目「天王」に似たところがある。旧仙台領の羽黒派修験であった旧薬王院（北上市口内町）には「中世末、近世初期頃」の神楽面、それに神楽道具・神楽台本が保存されている。奥州市前沢字中村の八穂茂《やほも》神社《じんじゃ》には「寛永拾□（１６３３～42年）」と記された神楽面がある。こうしたことから、旧仙台領の胆沢郡、旧南部領の北上では17世紀後半の江戸時代前期に「大乗神楽」が行われていた。この頃はまだ浜系の法印神楽は成立していないため、「大乗神楽」は演目名の類似から見ても異伝系法印神楽の仲間と考えられる。

北上の大乗神楽及び「大乗神楽」とともに旧仙台領の岩手県南地域で行われていた法印神楽は49カ所が確認される。内陸部の北上川沿いに多く認められ、これらには異伝系と浜系がある。異伝系は江戸時代前期頃に宮城県域から伝わり、以後に定着して継承された。浜系は江戸末期に伝わった。海側は宮城県の浜系法印神楽、本吉太々法印神楽《もとよしだいだいほういんかぐら》（気仙沼市）と同系である。

北上では江戸時代、「大乗神楽」は法印（修験）が行った。江戸時代の史料、「今帝《こんてい》之《の》云事《いうこと》」（旧伍大院、北上市和賀町）に７演目を演じた修験院が記されている。阿部武司氏の調査によれば、それは次の７カ院（※付き院名は本山派修験院を示す）である。

山口村（北上市和賀町山口）の延寿院※
岩崎（北上市和賀町岩崎）の伍代院※
江釣子（北上市下江釣子）の自性院※
立花村（北上市立花）の大徳院
後藤村（北上市和賀町後藤）の光明院※

下鬼柳村（北上市下鬼柳）の柳法院※
北鬼柳村（北上市北鬼柳）の文殊院※

北上市内にはこの他、現在神楽を行っている団体がある地域の修験院として次の8カ院が知られている。

飯豊《いいとよ》（北上市飯豊）には妙法院
二子《ふたご》（北上市二子町）には妙泉院※
煤孫《すすまご》（北上市和賀町煤孫）には貴徳院※
南笹間（花巻市南笹間）には万法院※
滑田《なめしだ》（北上市滑田）には月光院※
藤沢（北上市藤沢）には善行坊
更木《さらき》（北上市更木）には大福院※、自覚院

これらを合わせた、少なくとも15カ院が「大乗神楽」に関与していた。なお、修験院の流派の多くは本山派である。

3　明治初期における修験院の動向

第3章と重複する部分もあるが、明治の神仏分離にともなう改革のうち、修験者に大きな衝撃を与えた修験道廃止に至る一連の政策を確認しておく。

①王政を古《いにし》へに復し、行政府に神祇官《じんぎかん》を再興する宣言　慶応4（1868）年3月13日
②社僧は僧籍のまま神社に仕えることの規制　慶応4年3月17日
③仏教語を用いた神号、仏像を神体とする神社の規制　慶応4年3月28日
④神社の仏像・仏具を取り除く際の粗暴行為を規制　慶応4年4月10日
⑤社僧は神主として神社に仕えることの徹底　慶応4年閏4月4日
⑥修験道廃止令　明治5（1872）年9月15日

このうち、⑤は第3章で触れなかったため、ここで引用する。

太政官達　慶応4（1868）年閏《うるう》4月4日
このたび、諸国の神社において行われていた神と仏を混淆《こんこう》する信仰は廃止にした。このため別当や社僧として神社に仕えてきた僧侶は僧籍を抜けて庶民となり、神主や社人として神道

をもって神社に仕えることとする。このことに差し支えがあり、仏教の信仰を続けるため、僧籍を抜けることができない者は神社に仕えることをやめ、立ちのくべきこととする。（筆者口語訳）

北上では慶応４年閏４月の令を受け、修験院還俗《げんぞく》願（僧侶から俗人に戻る願い）もしくは御宮《おみや》返上届《へんじょうとどけ》が翌年（慶応４年９月８日より明治元年となる）の明治２（１８６９）年から出され、その後、明治５年の修験道廃止令によって、修験院の対応が最終的に決まった。この時の対応が判明している17院の動向は以下の５通りであった。

①修験院当主は還俗せずに院を保持し、子ども等を還俗させて神職にした。　６院
②修験院当主は還俗せずに院を保持し、神社を返上した。　５院
③修験院当主は還俗して神職に転じ、子ども等に修験院を嗣《つ》がせた。　２院
④修験院当主は還俗して神職に転じ、修験院を廃院にした。　１院
⑤修験院当主は引退して院を廃院とし、子ども等を還俗させて神職にした。　３院

修験院を廃院にせず、本山派修験院から天台宗寺門派の寺院に変わったのは13院（①②③）である。神職に転じたのは12院（①③④⑤）、廃業したのは３院（④⑤）である。母数は少ないが、北上地域17院のうち寺院を選択したのは81・３％、神職は70・５％、廃業は17・６％となる。宮城県７２９院の寺院選択率10・４％、神職選択率24・４％、廃業選択率65・２％と比較す

ると両者の違いは顕著である。宮城県の場合は廃業を選んだ修験院が多く、寺院を選んだのは少数であった。これに対して、北上は寺院及び神職の両方とも多く、廃業を選んだのは少数であった。しかも、後述する自性院《じしょういん》（北上市下江釣子）のように、この時に廃寺となったがその後、天台宗寺門派《じもんは》寺院として再出発して大乗神楽に関わった例もある。北上の場合、神社を選ぶか寺を選ぶかの選択というより、いかにしたら修験道を残すことができるかを優先して選択が行われた。名を捨てて実を取る道を選んだということになる。

4　修験道廃止後の大乗神楽

江戸時代、法印（修験者）は時に、山岳道場で厳しい修行を繰り返し、本山派なら聖護院《しょうごいん》（京都市）、羽黒派なら羽黒山寂光寺《じゃっこうじ》（山形県鶴岡市）から位階を得た。そうして修行以外の日々は村里で活動した。大乗神楽は正式な山伏が神楽組を組織して行われた。明治5（1872）年の修験道廃止令後、北上の多くの旧修験院は寺院・神社として存続する道を選んだとはいえ、以前の神楽組は解体された。この事態に対応するためにそれまで神楽を舞えなかった氏子（一般庶民）が神楽に関わった。

神楽習得を目指す氏子は神楽師匠（旧法印）の屋敷（旧修験院）や神社で一定期間の稽古をしたのち、神楽に関する秘伝を伝えられ、神楽師匠から法印名を授けられた。明治12（1879）年に八幡別当福山万法院（花巻市南笹間）が長清水山伏神楽《ながしみずやまぶしかぐら》（北上市和賀町藤根）の2名に榊舞《さかきまい》を授けたのが、史料上の初出である。

大乗神楽は明治維新後、こうした制度とともに再出発した。このため、明治前半期、個々の大乗神楽に関わる法印には、旧本山から授けられた法名をもつ旧法印と、神楽師匠から授けられた法印名を持つ、大乗神楽独特の新法印（以後、旧法印と区別する際は「法印」と表記）がいることになった。「法印」は、後述する特別な演目を舞うことができるとともに、神楽で用いる幣束や舞台飾りなどの作成、相伝された祈祷《きとう》法による儀礼の執行など、大乗神楽において中心的な役割を担った。

本田安次は昭和9（1934）年に刊行した『陸前濱乃法印神樂』において、大乗神楽の一つ、「陸中江釣子（北上市下江釣子）の大乗神楽」の概要を次のように述べている。

陸中和賀郡江釣子村、江釣子神社別当家に今台本を伝えている大乗神楽は絶えてから約20～30年になる。もと近辺の山伏が集って演じたもので、山伏神楽、和賀神楽あるいは権現神楽とも称した。冬の10、11月頃に付近一帯の民家を巡って演じたもので、正月にも歩き残りの村々を訪れた（この風習は早池峯、黒森麓の諸所の山伏神楽と共通している）。村々では多く講を結び、宿を定めて一行を招いた。

この平素の神楽を平神楽《ひらかぐら》と称し、別に大乗会《だいじょうえ》もしくは大乗式と称するものがあった。これは一世一代、別当職を継ぐ時とか本尊御開帳の折等に催され、神社拝殿前に張出しの舞台を設けて執行された。今、古老が記憶しているのは明治8（1875）年旧8月と同33（1900）年3月27日の両度、江釣子神社におけるものである。（筆者口語訳）

山伏神楽や権現神楽と呼ばれる神楽であることや民家を巡る神楽であることは、山伏神楽と同じである。ただし、これは大乗神楽のうち平神楽のことである。大乗神楽は平神楽と別に、舞台を設えて行う、一世一代の特別な神楽儀式、大乗会（大乗式）があった。大乗会は異伝系の法印神楽にもあったが、大乗神楽ほど詳しくわかっていない。

現行の大乗神楽は33番と番外3番（小山の舞、稲荷、杵舞《きねまい》）である。演目には法印しか舞えないもの、大乗会以外では舞えないもの等の区別がある。

①　法印しか舞うことができない演目…………榊、荒神
②　大乗会の時にしか舞われない特別な演目……天王、鬼門、橋引
③　大乗会では舞われない、番外の演目…………小山の神、稲荷、杵舞

平神楽は33番、番外3番から②を除いた33演目から12番ほどが舞われる。①について、江戸時代は本山から授与された位階を有する法印しかおらず、神楽はその法印が行った。このことか

ら、法印しか舞うことができない演目が制度化されたのは明治以降に「法印」が誕生してからのことである。

大乗会は江釣子神社（北上市下江釣子）で行われた明治8（1875）年と明治33（1900）年以前、江戸時代の嘉永2（1849）年に南笹間村（花巻市南笹間）の修験院、万法院で行われたのが最初とされる。しかし、嘉永2年の大乗会を記した史料は明治25（1892）年に写されたもので、内容は後述するように明治25年時の大乗神楽観が反映された部分が含まれている。このため当該史料は、書写時のものとして扱うのが妥当と思われる。

33番の演目次第は以下のように明治初期以後に整ったと思われる。初夜榊・後夜榊の榊舞は文化14（1817）年の旧伍大院（北上市和賀町岩崎）史料の「舞番立」で榊木・コヤ榊とある。しかし、同じ史料の「大乗神楽番次」では初夜・後夜と記され、まだ不定型である。それが明治5（1872）年の「御神楽之有数巻物伝授事申納帳」（長清水山伏神楽＝北上市和賀町）の「舞番立」で初夜榊・後夜榊となり、以後はこの形が定型となる。

明治5年の史料にはもう一つ、重要なことがある。それは権現舞が現れることである。権現舞は現行の大乗神楽とは切り離せない重要な演目なので不思議な気がするが、それ以前の史料に記されていない。この権現舞が演目次第に含まれたことにより、山伏神楽（獅子神楽）と同じ獅子神楽に近づき、見方によっては岩手県の神楽に変わったといえる。

この他、明治5年までの史料にのみ記された演目、すなわち明治8（1875）年以降の史料にない演目に桂ノ下《かつらのした》、神招《かみまねき》がある。両者とも内容は不詳である。神招は出羽神社《でわじんじゃ》の「大乗神楽」（奥州市水沢羽田町）に同名の演目があり、どんな神を招くのか興味深い。また大乗遊《だいじょうのあそび》は明治8年以降、大乗下《だいじょうのした》という演目になる。明治8年から新たに舞台入、狂言、帝童、三番叟《さんばそう》が演目として定着する。

以上をまとめると、明治5年に初夜榊・後夜榊、権現舞が大乗神楽の演目として定型化するが、それでも演目数は現行の33演目に達していない。33演目が揃うのは明治8年である。この年は江釣子神社（北上市下江釣子）で大乗会が実施された年でもある。この大乗会は江釣子の旧修験院、自性院当主の後継者が神社を継ぎ、明治2（1869）年に神主に就任したことを祈念して開催されたとされる。明治初期に新しく成立した大乗神楽で大乗会が行われたのである。

5　明治後半期の大乗神楽

大乗会《だいじょうえ》は明治8（1875）年に次いで明治33（1900）年3月27日、前回と同じ江釣子神社（北上市下江釣子）で開催された。神社別当であった旧修験院、自性院《じしょういん》は明治5（1872）年に廃寺となったが、その後、天台宗寺門派《じもんは》寺院として再出発していた。その孫（神社神主の子息）が明治27（1894）年に自性院を継ぎ、明治33年3月吉日に煤孫寺（旧貴徳院、北上市和賀町煤孫）住職から「鬼門次第」「牛頭《ごず》天王舞《てんのうまい》次第」を授与された。鬼門と天王は大乗会の時にしか舞われない特別な演目であることから、同年3月27日の大乗会開催の前に授与されたと推察される。また、自性院では大乗会に合わせて本尊・観世音菩薩の御開帳（3月21～26日）も行われた。こうした状況から、明治33年の大乗会は自性院住職就任を祈念して行われたとされる。

明治30年代は村崎野大乗神楽（北上市村崎野）の「法印」、永全とその弟子の法全、忠全が宿大乗神楽（明治31年、北上市二子町下宿）、更木大竹神楽（明治31年、北上市更木）、才ノ羽々《さいのはば》神楽《かぐら》（明治32年、北上市二子町才ノ羽々）、上宿和賀神楽《かみしゅくわがかぐら》（北上市二子町上宿）、飯豊神楽《いいとよかぐら》（北上市飯豊）に大乗神楽を伝授している。明治初期は旧法印が「法印」名を授けたが、明治後期は「法印」から「法印」への伝授が中心になっている。

年代がわかる史料で、登場する神に本地《ほんじ》が記された史料は、明治25（1892）年に書写された「大乗会次第『大乗神楽舞本地』」＝嘉永2（1849）年の大乗会記録・村崎野大乗神楽『北上市村崎野』＝が、今のところ最初である。

それ以前は明治8（1875）年の「大乗会次第」を含め、いずれも演目の順番と演目名、それに演者数が記されているが本地の記載はない。このことから本地が比定されたのは明治8年の大乗会以後である。

神に本地の仏を比定するのは江戸時代以前において一般的なことであった。仏教を主、神道を従として神と仏を関係づける本地垂迹説《ほんじすいじゃくせつ》の所産である。神々は如来や菩薩《ぼさつ》など、彼岸《ひがん》にいる仏（本地仏）が人々を救うために、此岸《しがん》であるこの世に現れた姿（垂迹神《すいじゃくしん》）とする考えによる。

大乗神楽で登場する神の中に江戸時代まで神とされた権現が本地として比定されたものが稀《まれ》に見受けられる。

「庭静《にわしずめ》」国常立尊《くにのとこたちのみこと》の本地　小比叡権現《こびえごんげん》
「笹結《ささむすび》」猿田彦尊《さるたひこのみこと》の本地　小比叡権現
「普勝《ふしょう》」国狭槌尊《くにのさづちのみこと》の本地　八王子権現《はちおうじごんげん》
「王ノ目《おうのめ》」伊弉冉尊《いざなみのみこと》の本地　白山大権現《はくさんだいごんげん》

神として信仰している権現を仏として扱って、本地仏に比定することが江戸時代に行われたとは考え難い。まして、小比叡権現は北上で多数を占める本山派修験と関わりが深い、比叡山に鎮座する山王権現（明治以降は日吉神社《ひえじんじゃ》、戦後は日吉大社《ひよしたいしゃ》）の二宮にまつられる神である。比叡山ではこの神の本地を薬師如来としていた。

明治期の比定とするとどうか。3者を山王権現とすれば、山王七社のうちの二宮（小比叡権現＝薬師如来）、八王子（八王子権現＝千手観音）、客人《まろうど》（白山姫神＝十一面観音）が明治期に東本宮（大山咋神《おおやまくいのかみ》）、牛尾神社（大山咋神荒魂《あらみたま》）、白山姫神社に変わった。山王の神道観では小比叡権現は以前から国常立尊と見なされ、八王子権現は国狭槌尊と同体とされることがあった。日吉神社での神名変更はこうして行われたが、北上の旧法印にとって、比叡山の土地の神とされる両権現は明治期の世においても敬うべき存在であった。そこで三権現を本地の仏として名を残した。このように考えると大乗神楽の本地仏の比定は明治期に行われたと見ることができる。

明治以降、旧法印から氏子等で神楽に関わる者に対して神楽の祈祷《きとう》法や舞の秘伝を受けて「法印」号が授与され、大乗神楽を牽引《けんいん》した。明治後期には「法印」から法号を授与された、第2世代の「法印」が多くなっていった。公的には宗教者ではない「法印」が大乗神楽では修験道系の宗教者として神楽執行の重要な役目を担ったわけである。そのため大乗神楽は仏教（修験道）の理念と密接に関わる神楽という、大乗神楽が存立する基盤を整える必要があった。明治8（1875）年以降に行われた本地仏の比定は、仏教（修験道）と神楽を結び付けるために創出された、大乗神楽の中核となる考えといえる。

江戸時代、南部領の北上周辺では、その南の仙台領胆沢郡と同様、異伝系の「大乗神楽」が行われていた。幕末から明治にかけて胆沢郡に浜系の法印神楽、さらには南部神楽が流入し、やがて、ほとんどが南部神楽に移行した。対して、北上は「大乗神楽」を独自に展開させ、仏教（修験道）と神楽を結び付けた大乗神楽を生みだしたのである。

第7章　仙台の田植踊と歌舞伎

1　民俗芸能としての田植踊

田植踊は年の初めに作物の豊作を願う芸能で、以前は正月に行われた。家の門口に立ち、家主の承認を得ると、米作りの工程を歌に合わせた踊で模擬的に表現し、新しい年の豊作と家の繁栄を祝った。きらびやかな衣装を身につけた風流《ふりゅう》の芸能で、東北地方のみで行われている独特の芸能である。宮城県で多いのは振り袖姿の早乙女による華やかな田植えの踊で、扇等を苗に見立てている。収穫等の米作り工程を演じるのは少数であるのに対して、福島県、岩手県、山形県は田起こしから収穫まで、年間に及ぶ米作りの工程を順序立てて演じるものが多い。

宮城県の田植踊は、弥十郎《やんじゅうろう》が田植を統率し早乙女が苗を植える動作を中心とする田植と、小さな手太鼓《てたいこ》（鞨鼓《かっこ》）を持った弥十郎もしくは奴《やっこ》等の鞨鼓役が中心になる田植がある。本書では江戸時代中期、紀行家の菅江真澄が現在の奥州市胆沢で見た2種の田植踊にならって、前者を早乙女田植、後者を奴田植と呼ぶ。

宮城県内の早乙女田植は22団体あり、うち7団体が仙台市にある。地域や芸態によりいくつかの系統（秋保系、芋沢下倉系、黒川系等）に分けられるが、おおむね次の点が共通している。

・弥十郎は2人、早乙女は5人以上が多い。
・弥十郎は飛び跳ねながら早乙女による踊を紹介し、続いて主役の早乙女が踊る。
・踊には苗を植える動作を振り付けた複数の本演目がある。
・早乙女の持ち物は扇、鈴、銭太鼓《ぜにたいこ》、綾竹《あやたけ》等でこれらを苗に見立てている。
・本演目の他に余芸がある。

奴田植を現在行っているのは4団体で、うち仙台市には1団体がある。かつて仙台市泉区に8団体ほどが知られていたが、いずれも大正期に絶えた。奴田植の芸態は次である。
・大倉役人田植踊（仙台市青葉区）は鬼人《えんぶり》1、弥十郎3、早乙女6で計10人。鬼人はエンブリ（杁《えぶり》）という田をならす道具を持つ。弥十郎は柄付きの小太鼓（鞨鼓《かっこ》）を手に持ち、バチで叩《たた》きながら激しく踊る。早乙女はその後方で踊る。
・仙台市泉区で行われていた奴田植はエブリスリ3（うち太夫《たゆう》1、弥十郎2）、馬役2、奴12、躍人《やくにん》8、早乙女3、計28人。奴は左手に大団扇《うちわ》、右手に長90センチの綾竹を持つ。躍人は小太鼓を持つ。早乙女は両手に長25センチの綾竹を持つ。

県北部では現在、気仙沼市等で奴田植が行われている。その芸態は以下である。
・弥十郎2、ヤッサカ5、計7人。弥十郎は「シュロスリ（代摺り）」と呼ぶ竿《さお》を持つ。ヤッサカが鞨鼓を手に持って叩きながら踊ることから鞨鼓田植ともいう。

・主役は手太鼓（鞨鼓）を持つヤッサカで、早乙女田植に比べて早乙女はあまり目立たない。昭和初期まで早乙女もいたが、次第に姿を消した。
・気仙沼では田植踊を掛け声からヤンドヤーハイという。かつては大石倉など市内5カ所でも行っていた。

エブリスリ（杁摺り）のエブリはヤンジロ、テシロマンガ（手代万鍬）、シュロスリ（代摺り）ともいい、田の整地作業（代かき）の仕上げで田面《でんめん》をならす農具である。形は野球場のグラウンドをならす、T字形をしたトンボと同じである。田植踊の弥十郎はかつて集落の協働作業として行っていた田植えに出てくるヤンジロであり、彼が田植えで使った道具の名前でもある。協働作業では苗どり・苗運び、早乙女、ヤンジロ、弁当運びなどの役割があり、ヤンジロはエブリで田面をならし、肥料を田に撒《ま》くなど、何かと気を配る役で、田植えの重要な役を負っていた。協働作業では、この他に全体のリーダーとしてクワガシラ（鍬頭）がいた。奴田植では弥十郎とは別にエブリスリ（太夫）がおり、彼がいる田植踊ではエブリスリが全体のリーダーである。

2　奴田植と早乙女田植

江戸時代中期に東北地方を旅して、日記を通して東北各地の年中行事や芸能の記録を残した菅江真澄は、天明6（1786）年正月18日、現在の岩手県奥州市胆沢区小山で田植躍を見て、その記録を『かすむこまがた』という紀行文に記した。そこで行われていた踊は奴《やっこ》田植と早乙女田植であり、踊手は銭太鼓を用いていた。

笛を吹き、皷《つづみ》を打ち鳴らし、また銭太鼓といって檜曲《わけも》（檜《ひの》製《き》の曲げ物）に糸を十文字に引き渡して糸に穴あきの銭を通した楽器を振る。（男が）紅い布の鉢巻きをするのを奴田植といい、菅笠をかぶり女装するのを早丁女（早乙女）田植という。（筆者口語訳）

江戸時代中期の胆沢では奴田植と早乙女田植の2種の田植踊が行われていたらしい。銭太鼓はタンバリンのように振って音を立てる。早乙女田植は現在も銭太鼓を用いるが奴田植は鞨鼓《かっこ》を使っている。

仙台の国学者、保田光則が万延元（1860）年に著した『新撰《しんせん》陸奥風土記』に次の文がある。

仙台城下に田植（踊）といって正月中、卑賤《ひせん》の者（身分や地位が低い人）が大勢集まって、人々の門《かど》に入り、わざをき（田植踊）をして祝儀に米や銭をもらう。紅粉《べにおしろい》を塗って髪も衣服も女の装いをする者を早乙女という。男の面をかぶって頭巾《ずきん》をする者を弥十郎という胆沢郡（岩手県奥州市胆沢）辺《あたり》に田植踊がある。この早乙女は紅粉で女装しない。また弥十郎も面をつけない。この田植踊は古風で優雅である。（筆者口語訳）

仙台城下の田植踊と奥州市胆沢の田植踊が記されている。前者は女装した早乙女と、面をつけて頭巾をかぶった弥十郎による田植踊である。後者の早乙女は化粧をしないし、弥十郎も面をつけない。そうして胆沢の田植踊は古風で優雅としている。幕末の江戸時代において、胆沢の田植踊を仙台城下の田植踊より古いものと見ている点は注目される。ここで述べている胆沢の田植踊は現在も行われている奴田植を指していると思われる。

3　仙台城下及び仙台北西部の田植踊

江戸時代、仙台藩は仙台城下で行われる正月の田植踊について、何度か人数制限を行っている。

享保9（1724）年12月「公儀御触御国制禁」

一宿守《やどもり》（武家屋敷の管理人）等が正月に渡世《とせい》（世渡り）として田植（踊）を行うのは１組の惣人数《そうにんず》が10人までならばこれを許す。10人を越える人数は控えること。

ただし、歌舞伎等に紛れて田植踊を行うことを禁ずる。（筆者口語訳）

仙台城下にでる田植踊は城下に住む宿守《やどもり》が興行していた。宿守は武家屋敷の借家に住み、ふだんは仕える屋敷の門の開閉や屋敷内外の掃除を仕事としていた。この享保９年12月の人数制限は田植踊10人までとした。ところが12年後の元文元（１７３６）年12月に５人に減らした。

元文元年12月「公儀御触御国制禁」

一田植（踊）は正月に限ることとする。２月になってから在々（農村）へ罷《まか》り下って田植（踊）を行うのはやめるべきこととする。

ただし、田植（踊）の人数は先年に10人を限るとしていたところ、今後は５人を限ることにする。（筆者口語訳）

この元文元年12月以降、幕末まで田植踊は５人のままであった。嘉永２（１８４９）年に仙台城下で行われていた年中行事を記した「仙台年中行事大意」の中に田植踊一行が見え、弥十郎１、早乙女２、それに奏楽・歌等を担当する岡の衆２の５人が描かれている。

仙台城下に出ていた田植踊は複数あり、５人編成が最も大人数であった。これを当時、大田植《おおたうえ》といった。大田植は３組あり、先の「仙台年中行事大意」は「一つは蕪田植《かぶたうえ》といって蕪の紋をつ

仙台城下の大田植　左は面をつけた弥十郎の前幌に蕪紋が付されている（『視聴草』（国立公文書館蔵）より）。下は弥十郎の前幌に蟹紋が付されている（『仙台年中行事大意』より）

ける。また蟹《かに》というのは蟹の紋をつける。また海老《えび》というのは海老の紋をつけた大田植である」（筆者口語訳）と記して、蟹紋の大田植が描かれている。また江戸において天保から慶応年間（1830～68年）の各種の資料を編集した雑録『視聴草《みききぐさ》』には、蕪《かぶ》紋の大田植が描かれている。

5人による田植踊は早乙女田植であるが、享保9（1724）年12月、10人に制限されるまでの田植踊は奴《やっこ》田植と思われる。廃絶した仙台北西部の奴田植（仙台市泉区）は28人、大倉の役人田植踊（仙台市青葉区）は10人であり、もとは10人以上の大人数で行われていた。そのために人数を制限されたのである。大田植の5人は、藩が行った人数規制への対応として、奴田植から再編成されたと見ることができる。

芋沢の田植踊（仙台市青葉区）は早乙女田植である。しかし、早乙女を演じるのは男性で口に覆いをして女装する。また、弥十郎は顎《あご》が別造りになった黒い尉面《じょうめん》をつける。これらの姿は江戸時代、仙台城下に出ていた大田植と同じである。

芋沢では仙台城下で行われていた田植踊を現地で見て覚え、当地で始めたとの伝承がある。しかし、開始時期には2説がある。

一つは宮城郡教育会が昭和3（1928）年に発行した『宮城郡誌』に記載された、文化年中（1804～18年）開始説である。

仙台立町に丸宮という者がいて、京都より田楽師を招聘《しょうへい》して笛太鼓にて囃《はや》して多くの舞子

（早乙女、田畯《やんじゅうろう》）を引率し、正月2日より3月3日に至るまで、仙台大家《せんだいたいけ》（大きくりっぱな家）、歴々の門戸に出入して田植躍と称して豊年を祝した。

（芋沢は）古くから山間の僻村《へきそん》で交通が不便であるため娯楽の道がないので、文化年中に芋沢上組の千田喜太郎、同平吉という遊芸家（遊びとして芸能を楽しむ者）として一目置かれていた兄弟に田植躍《おどり》を学ばせようとしたが許されなかった。そのために日々、躍の後ろに付いて見物してその技を見取って帰宅、練習すること数月にしてようやく熟達したので村内の青年達《たち》にこれを授け、正月農休み中の娯楽とした。（筆者口語訳）

もう一つは『河北新報 昭和9（1934）年2月16日号』の記事にある、寛延2（1749）年開始説である。

この田植踊りは昔、京都御所で催されていたのを永正年間（1504～21年）に伊達家第13世尚宗公が朝廷の許しを得て、毎年正月2日、金子1両、白米1石を与えて居館（梁川城、福島県伊達市）で踊らせていた。その後、仙台城が築かれると、城内で踊らせていたものである。後の寛延2（1749）年に（5代藩主伊達）吉村公の許しを得て、国分芋沢元上郷でこれを踊り始めた。芋沢字要害の百姓喜太郎と弟の平吉がその元祖である。今は7代千田庄左衛門の代で、旧正月に作祭として踊るのを恒例にしている。（筆者口語訳）

芋沢に仙台城下から田植踊を伝えたのは、両説ともに千田喜太郎・平吉兄弟である。前者は直接、教えてもらったのではなく、自分たちで観察して覚えて地元の仲間に伝えたとする。仙台城下で行われていた田植踊が近郊にどのように伝わったのがよくわかり、たいへん興味深い。寛延説は『宮城郡誌』で文化年中（１８０４～18年）説が書かれたわずか6年後のラジオ番組の解説で解かれたものである。間隔をおかず発表されたため、両説には同じ人物が関係していることが想定され、最初に唱えられた文化年中説が地元に伝えられていたのではないかと思われる。

4　芋沢・下倉系、黒川系の田植踊と歌舞伎

仙台藩は公式には歌舞伎の上演を禁じていた。先に見た享保9（１７２４）年12月の史料に歌舞伎禁止に触れたところがある。正月に10人以内で行う田植踊を認めた上で、ただし書きで、「歌舞伎等に紛れて田植踊を行うことを禁ずる」とある。歌舞伎に紛れて田植踊をしてはいけないと釘《くぎ》を刺している。この時に釘を刺されたのは田植踊なので、享保9年12月の時点で歌舞伎は許されていたと思われる。その後に禁じられ、第2章で触れたように宝暦2（１７５２）年までには、腰に面をつけた操り人形芝居（腰人形歌舞伎）として上演された。以後、何度かの操り人形芝居

の禁制・緩和を経て、幕末まで歌舞伎は禁止された。
そうはいっても仙台北西部の田植踊は歌舞伎、あるいは腰人形歌舞伎との関連が多く指摘できる。ここでは芋沢・下倉系及び黒川系田植踊からうかがえる歌舞伎の影響を見ていく。

◇前唄

芋沢（仙台市青葉区芋沢）や下倉（仙台市青葉区大倉下倉）の田植踊、富谷など黒川系の田植踊は三番叟《さんばそう》（芋沢）、いいけい（下倉）、前唄（黒川系大沢、仙台市泉区）、くどき（黒川系富谷、富谷市）、問答（黒川系羽生、大郷町）から始まる。名称はまちまちだが、最初に唄われるのは「一花《いっけ》開いて世もしづか げにおだやかな 年の春」の歌であることが共通している。この元歌は能（謡曲）の「芭蕉」にある「しかれば一枝《いっし》の花を捧げ、御法《みのり》の色をあらはすや 一花開けて四方《よも》の春」である。「四方の春」で新年を表わし、花が一つ開くのを見て春の訪れを知るという意である。

同様の歌が安永・寛政年間（1772〜1801年）に仙台城下の田植踊を記した「挿秧扇舞《たうへおどり》」で「先つ祝す」として「一花開く処、四方静か也」と唄われている。ここでは続けて弥十郎と早乙女の問答がある（筆者読み下し、括弧内は原文）。

早乙女「これもっしゃ、弥十郎さんやのう（古礼孟奢、野牟住郎賛為農）」
弥十郎「のなのなのな、のなもっしゃ（乃奈乃奈乃奈、乃奈没奢）」

早乙女「当年も毎年にかわらず駒が駆け来りて代掻《しろか》きさんせいのう（当年不改毎年、胡馬駆来、賜路嘉賀賛清農）」

弥十郎「これもっしゃ、岡の衆（古礼孟奢阿歌之衆）」

岡の衆「やっとやっと（耶答耶答）」

弥十郎「これもっしゃ、はや早々植えられそうらい（古礼模辞嫣囃裴粧播礼奏来）」

芋沢・下倉系、黒川系もこれに似た問答があり、安永・寛政年間に仙台城下で行われた田植踊の前唄と問答が今も継承されていることがわかる。以下にその例として芋沢の田植踊、三番叟を記す。

①（歌）　一景開いて世もしづか げにもおだやか 年の春

②（早乙女）これ申す まいねんに当年も相変わらず 駒をはやめて代をかかさんせ

③（弥十郎）誠にもってこりゃこうでございますわいな

◇獅子舞

芋沢・下倉系では石橋《しゃっきょう》、黒川系は作狂《さくきょう》という獅子舞があった。現在は行っていない。芋沢や下倉では早乙女2人がそれぞれ小さな獅子頭を持って演じた。獅子役の早乙女は頭に2枚重ねの扇《おうぎ》笠《がさ》をかぶる。余芸なので振袖を右肩脱ぎにし、左手に獅子頭を持つ。獅子頭からは黄色い布が伸び、その先に付いた小鈴を右手に持つ。歌は次の能（謡曲）の「石橋」とほぼ同じである。

獅子団乱旋《とらでん》の舞楽のみぎん、獅子団乱旋の舞楽のみぎん、牡丹の花房《はなぶさ》にほい充ち満ち、たいきんりきん（大筋力）の獅子頭、打てや囃《はや》せや、牡丹芳《ぼたんぼう》、牡丹芳、黄金《こうきん》の蘂《ずい》、現はれて、花に戯れ枝に伏し転《まろ》び、げにも上なき獅子王の勢ひ、靡《なび》かぬ草木もなき時なれや、万歳千秋《ばんぜいせんしゅう》と舞ひ納め、万歳千秋と舞ひ納めて、獅子の座にこそ、直りけれ。

難解な語句が連なった歌で意味を取りにくい。獅子と団乱旋は唐から伝来した舞楽において秘曲としている二つの別の曲である。思い切って以下に意訳を試みた。

獅子と団乱旋の舞楽の始まり。牡丹の香があたりに充ち満ち、獅子は力強く頭を振り、やれ打て、やれ囃せと舞い狂う。牡丹の花は次々と花を開き、芳しい香を放ち、黄金色の雄しべ・雌しべを現す。獅子は花に戯れ、枝に伏して転がるように舞う。獅子王の勢いの前に、なびかぬ草木はない。雅楽の曲である万歳楽、千秋楽と泰平の世を祝して舞い納めた獅子はもとの文珠菩薩《ぼさつ》の蓮華座《れんげざ》に戻っていった。

同じ歌詞は歌舞伎（長唄）で行われる相生獅子《あいおいしし》や枕獅子《まくらじし》にある。これらは連獅子＝明治5（1874）年初演＝や春興《しゅんきょう》鏡獅子＝明治26（1893）年初演＝で立役《たちやく》（男役）が豪快に獅子頭を振り回す、明治以降に盛行した獅子舞とは異なる。女形《おんながた》が肌脱ぎして扇笠をかぶり、優雅に踊る獅子である。田植踊の獅子舞（石橋）も芋沢では男性が女装して演じる早乙女が行っており、歌舞伎踊で女形が踊った獅子舞の影響を受けて田植踊に導入されたものである。

上は歌舞伎「相生獅子」。歌舞伎の獅子舞は能「石橋」を参考に、女形の名優、初代瀬川菊之丞が享保19（1734）年に演じた相生獅子が早い。図は明和6（1769）年に2代菊之丞が演じた相生獅子。2代は初代が用いた牡丹の頭飾りでなく、2枚の扇を重ねた、牡丹付きの扇笠をかぶった。扇笠は能「望月」の獅子舞にも使われるが、2代が持つ小さな獅子頭（手獅子）は歌舞伎踊の獅子舞に特有の小道具である（東京大学教養学部国文・漢文学部会所蔵）。

下は下倉の田植踊「石橋」。田植踊の獅子舞は女装した早乙女（芋沢）や少女による早乙女（下倉）が田植の踊と区別するため、着物を右肩脱ぎにし、扇笠をかぶり、手に手獅子を持つ。演目名は能と同じ「石橋」だが、芸態は歌舞伎の獅子舞である（東北歴史博物館写真提供）

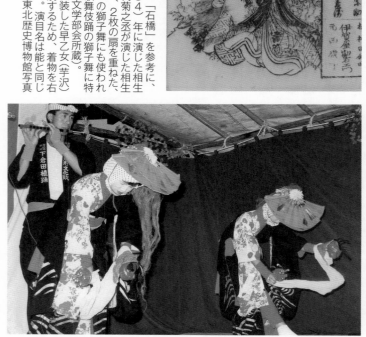

◇三枡紋

黒川系の大沢、富谷、羽生の田植踊は三重桝《さんじゅうます》に上《じょう》の紋《もん》を用いている。中央の枡を赤枡にした三重枡で、隅を立てて中央に「上」の文字を入れた独特の紋である。大沢は仙台藩二代藩主伊達忠宗公にその優れた芸を讃《たた》えられ、伊達家の家紋である竹に雀紋にちなんだ裾模様と三重桝に上紋を許されたとしている。

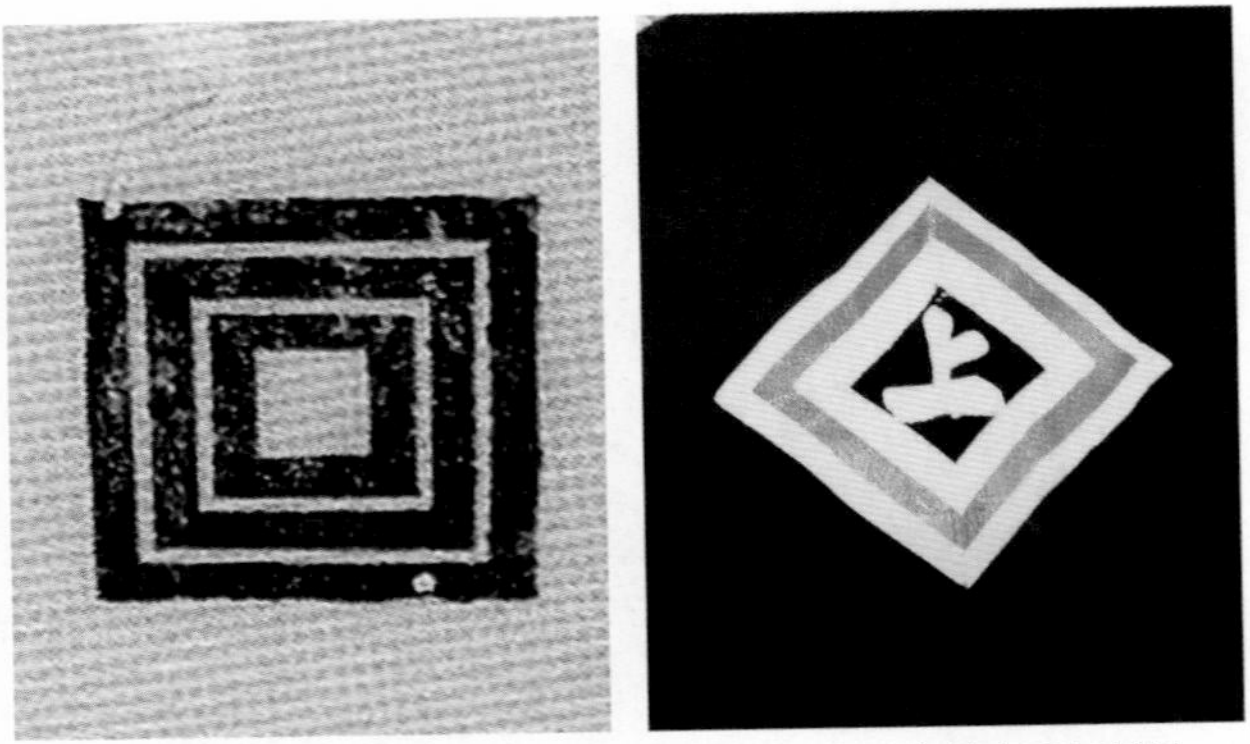

三枡紋。右は黒川系田植踊の三枡上紋、左は市川家の三枡紋

大きさの異なる三つの枡《ます》を入れ子にした紋は一般に三枡《みます》紋《もん》といわれ、歌舞伎の名門、成田屋の定紋で、初代市川団十郎（１６６０～１７０４年）が考案したとされる。黒川系の紋は黒川と獅子舞等に見える歌舞伎とのつながり、さらには初代団十郎が多賀城の出身であるとの噂《うわさ》を考えると、仙台に馴染みの深い、市川一門の三枡紋を参考にした可能性が高い。

現在、初代市川団十郎（鰕蔵《えびぞう》）は千葉出身が定説であるが、一時期、多賀城出身説もあったことが江戸時代後期、古今の書物を抜き書きした随筆『松屋筆記』でわかる。

陸奥の坪の碑の近くの市川村（多賀城市市川）という所がある。そこの浦で捕れる海老《えび》を役者鰕《やくしゃえび》と呼ぶ。これは芝居役者の市川鰕蔵が生まれた里である。（筆者口語訳）

さらに江戸時代後期の随筆『譚海《たんかい》』には仙台城下に御国《おくに》団十郎という役者がいたとある。

仙臺《せんだい》城下に釈迦《しゃか》堂がある。繁昌《はんじょう》した所で寺内に定芝居（常に興行している芝居）がある。常に江戸の役者も往来して芸をみせる所である。そこの地元役者である市川今五郎という者が芝居の魁首《かいしゅ》（かしら）で、仙台ではこの役者を御国団十郎という。（筆者口語訳）

仙台田植の定紋

系統	区市町	田植踊	定紋
役人田植系	青葉区	大倉	蕪紋
秋保系	太白区	湯元	蕪紋
		長袋	蕪紋
		馬場	蕪紋
	青葉区	新川	蕪紋
		愛子	蕪紋
		作並	蕪紋
芋沢・下倉系	青葉区	芋沢	丸に宮紋（早） 蕪紋（弥）
		下倉	蕪紋
黒川系	泉区	大沢	三枡上紋
	富谷市	富谷	三枡上紋
	大郷町	羽生	三枡上紋

仙台人にとって市川団十郎は身近な役者であり、三枡紋は仙台の芝居好きにとって憧れの紋であったと想像される。御国団十郎も三枡紋を用いていた可能性が高い。黒川系の三枡上紋も市川家の三枡紋を参考したのであろう。これに対して秋保系と芋沢・下倉系は蕪《かぶ》紋《もん》を用いる。蕪紋を使用することにより自分たちの田植踊が仙台城下の田植踊を受け継いでいることを明示したと思われる。

◇寄せ太鼓・跳ね太鼓

秋保系と芋沢・下倉系、それに黒川系に跳ね太鼓がある。舞台中央に目線の高さに置いた太鼓を早乙女が叩《たた》く。また、黒川系の羽生田植踊（大郷町）は、最初に寄せ太鼓を叩き、それに続いて弥十郎と早乙女による問答・口上がある。跳ね太鼓は江戸時代、仙台城下に出た門付けの田植踊で全ての終わりとして演じられた。一方、芝居小屋では櫓《やぐら》に太鼓を置き、興行日の朝に寄せ太鼓、1日の興行が終わると跳ね太鼓を叩いた。寄せ太鼓と跳ね太鼓がある黒川系は芝居小屋の太鼓作法を導入したと思われる。

5　秋保系の田植踊と歌舞伎

ここでは秋保系田植踊と歌舞伎との関係を見ていく。

◇入羽

早乙女田植のうち秋保系は、演目の最初に入羽《いりは》を行い、最後に上がりはかをするものが多い。秋保の田植踊の一つ、長袋の田植踊（仙台市太白区秋保町長袋）の入羽は前歌ともいい、花道から踊りながら出てくる。そうして舞台に全員が並ぶまで踊る。

入羽は入端《いりは》とも書く舞踊用語で、『舞踊辞典』には「民俗舞踊で、出端《では》、中端《なかは》、入端という仕組のうち、最初の登場の際に行われる舞踊の部分をいう。端は羽とも書く。また逆にこの部分を

「入端（羽）」ともいう例も多い」とある。

上がりはかの「はか」は田植えや稲刈りで、割り当てられた仕事の持ち分をいう農業用語である。田植踊の上がりはかは、田植の持ち分を植え終えたという意味である。この意味の「はか」は奈良時代に編纂《へんさん》された「万葉集」にも詠《うた》われている。

〈秋の田の我が刈りばかの過ぎぬれば雁《かり》が音《ね》聞こゆ冬かたまけて〉（口語訳＝秋の田の私の刈り場が終わった頃には雁の声が聞こえる。冬が近くなって）第10巻2133

入羽は舞踊用語、上がりはかは農業用語であるから、自然な形で始めと終わりの演目として対になる言葉ではない。秋保は後述するように民家の庭先に突き出す形で踊舞台を設営する。その中で舞台において最初に行われる踊として入羽が導入されたと考えられる。それ以前は長袋でいうように前歌であったと思われる。門付けの芸能から、大勢が舞台上で行う田植踊に成長した秋保系にふさわしい言葉に変えたのである。

◇後見の約束事

歌舞伎舞台で役者の陰に控えて舞台の進行を助ける役に後見《こうけん》がある。黒衣《くろこ》や裃《かみしも》後見などがあり、客は後見を見えないものとして芝居を鑑賞するのが約束事である。

秋保系等の田植踊は、弥十郎が踊りながら次に行う演目を紹介している間、早乙女は後ろを向いて、観客に背を向ける。弥十郎の踊が終わると早乙女は振り向いて踊り出す。踊の舞台上で後

愛子の田植踊　弥十郎が踊る間、早乙女は後ろ向きになって、見えないものとなる（東北歴史博物館写真提供）

ろ向きになるのは「ここにおりませんよ」という約束事で、これは歌舞伎舞台に見る後見と同じである。天保12（1841）年に仙台を訪れた落語家・船遊亭扇橋が仙台城下の芝居事情を記した『奥のしをり』に、「江戸から歌舞伎役者が来ても、舞台には5人より多くは出られず、大詰めに大勢が出た時、せりふを語っていない役者は後ろ向きになるほかない」とある。仙台城下では舞台に立つ役者は5人までとする制限があり、それ以上の役者が舞台に立つ際はせりふのない者は歌舞伎舞台の約束事として「ここにおりませんよ」の所作をしたというのである。田植踊で早乙女が後ろ向きになる所作は歌舞伎もしくは仙台城下で行われた腰人形歌舞伎における後見の約束事が手本になっているのであろう。

◇誉め言葉

秋保系田植踊では踊の途中に見物客から踊や衣裳《いしょう》などを賞賛する、誉《ほ》め言葉がかかる。すると早乙女は踊をやめて正座し、客の口上を聞く。口上が終わると踊連中が返し言葉を述べる。例として秋保・湯元の田植踊（仙台市太白区秋保町湯元）の誉め言葉を掲げる。

しんしばらく しばらくー、しばしとどめし拙者には、磐司《ばんじ》が下の蛙めで、米の成る木を知りたさに、笛や太鼓の音聴いて此処《ここ》まで推参つかまつる。ほめる言葉も知らねども、余りおん田植の面白さに、チョットほめまんしょ、ほめまんしょ、ほめて仮名ちがいや、ほめちがいは御免なあれ、

先《ま》ず、弥十郎を始めとし、浅黄の頭巾に鈴を下げ太平袖にかぶの紋、鈴のなる音を聞きもせば、秋の夕暮軒下で、鈴虫声や、くつわむし、世はまん丸く丸くけの、帯きりチャンと前にしめ浅黄の股引《ももひき》はきしめて、前に下げたる前ぼろは、波に兎《うさぎ》の縫ちらし、踏み出す足は八文字、後に並びし早乙女のかぶりし花笠見申せば、絹羽二重に裾模様、筑前博多の帯しめて、後に矢の字に結ばれて、腰に下げたる腰ひもは金の瓔珞《ようらく》下げたよだ。みな一様に白地の足袋をはきしめて、踊る姿を見申せば、小野小町か照手姫、（中略）四海の波もおだやかに……余り長きは御大勢、御見物様方のおん妨げ、ところは千秋万歳万々歳、あら面白やとほう敬って申す。

江戸時代、歌舞伎でも一時、舞台上の演技を中止して、定められた観客が花道に上がり、役者を讃《たた》える、ほめ言葉の慣習があった。明治期にはほとんど行われなくなったという。歌舞伎で語られた「誉め言葉」は○○づくしが多い。その例を次に示す。

秋保（馬場）の田植踊から太鼓田植

天満宮《てんまんぐう》菜種御供《なたねごく》　安永6（1777）年4月15日より大坂小川吉太郎座上演

小川吉太郎　川づくし

しばらくしばらく、重かさねて誉詞《ほめことば》、せみの小川の流より、清き諸げいをみたらしや、名は高埜川宇治川のしやれ（洒落）けもなくてきつはりと、大手大井の川なみも、とんとんしやんしやん馬入川《ばにゅうがわ》、口跡《こうせき》までもよしの川、あたかも川のぬれ事は　手に入間川愛染《あいそめ》て川いらしと娘気に、ほれた田上野洲《やす》野洲と大和の川や、もろこし迄《まで》ひいきおしを（贔屓小塩）の川ぎしにならぶ、岡川手びやうしの音羽の川のおとらぬは京と　なには（浪華）やいなかは（猪名川）迄見に野守川よど川の水に、映へあふやつしがたとホホうやまつてもふす

◇跳ね太鼓

秋保系の秋保の田植踊の3団体、馬場・長袋・湯元（仙台市太白区秋保町）は最後に上りはかを演じ、跳ね太鼓（馬場は太鼓田植という）はその前に行う。一方、同じ秋保系でも愛子（仙台

市青葉区上愛子）と新川（仙台市青葉区新川）は、最後に跳ね太鼓を行う。ここには上りはかの演目がない。跳ね太鼓は黒川系で見たように、芝居小屋の跳ね太鼓が導入されたと思われる。

◇舞台

田植踊は元来、正月に家々を訪れて、屋敷の庭等で行うのが一般的で、仙台城下の田植踊はこうした門付け芸能であった。それが秋保では家の縁側から張り出した舞台や花道を設けた、大掛かりな舞台が設けられた。舞台は大きいもので間口15間（約27メートル《メートル》）、奥行き7間（約12・6メートル《メートル》）もあった。そこに木製の臼をいくつも並べ、上に板を敷いた。これほど大きくなくても間口5間（約9メートル《メートル》）、奥行き3間（約5・4メートル《メートル》）はあったという。観客は庭にゴザを敷いて見物した。前述した誉め言葉は大勢の観客が詰めかけた舞台で行われるものであり、演者と観客が一体になったパフォーマンスとして舞台でこそふさわしい芸である。

しかし、江戸時代の田植踊は舞台で行うものではなかった。秋保系の舞台は明治期に賑《にぎ》わった地芝居の影響を受けたものである。地芝居の熱気について千葉雄市は以下のように述べている。

藩政時代後期になると関西歌舞伎などが城下や周辺の在郷村にも興行され、城下には歌舞伎役者も定住していたらしく、芝居好きの農民たちが芝居の先生を招いて習ったもので、村々には地芝居の一座も現れて村の祭りに仮設の大舞台を組んで歌舞伎の真似事《まねごと》を演じた。幕末の民衆のパワーはこれまでの仙台藩の芸能禁制を吹き飛ばしてしまった。

地芝居は仙台市の泉地区が根白石（泉区根白石）・大沢（泉区七北田大沢）、大倉地区が定義（青葉区大倉上下）・下倉（青葉区大倉下倉）、秋保地区が長袋（太白区秋保町長袋）にあった。田植踊に歌舞伎（操り人形芝居芝居）舞台のあり様を垣間見ることができるのはこうした芝居状況が反映されたためである。秋保系には芝居の舞台と共通する点がいくつもあり、仙台城下で行われていた芝居、あるいは地芝居を参考にして舞台芸能として、門付けの田植踊を変化させたと思われる。同じ田植踊でも門付けとして行われていた田植踊を踏襲すると思われる、芋沢・下倉系及び黒川系と対照的である。

6　田植踊の本芸と余芸

江戸時代に仙台城下で行われた早乙女田植は前唄、問答の後に本芸として早乙女による田植の踊が行われ、その後、余芸として歌舞伎由来の狂言等が行われた。そのことを示す、安永・寛政年間（1772～1801年）の史料「挿秧扇舞《たうへおどり》」を再び見る。

まず、「一花《いっけ》開く処《ところ》、四方《よも》静か也」の前唄があり、その後に弥十郎と早乙女、それに岡の衆による問答がある。次いで、踊跳《おどりはね》、鼓《つづみ》・笛に合わせた青陽那《せいような》、壮麗哉《そうれいや》の歌になる。この歌に合わせて本芸の田植の踊が行われたのであろう。その後は次の芸が行われている。

（本芸の）曲が終わったら魚売人《かつおうりひと》、愚嬌《ばかむこ》、客贋乳婆《にせうば》等、数種の狂言をする。これらは狂い、おどけたもので、視《み》る人を絶倒させる。（中略）終わりに臨んで、祐成時致《すけなりときむね》（日本孝子）、景清《かげきよ》（日本忠臣）が行われ、これが終わると、すべての終わりとして跳鼓《はねたいこ》の曲を演じた。最後に野牟《やむ》住郎《じゅうろう》が主人に礼をして、「君家千秋万歳《くんかせんしゅうばんぜい》（ご主人の家は千年も万年も続き）、歓無《かんむ》疆《きょう》（おおいにおめでたいことです）」と唱え、太鼓を鳴らしながら去る。（筆者口語訳）

魚売人《かつおうりひと》は文化10（1813）年に初演された、「四季詠高三ツ大《しきのながめよせてみつだい》」という十二変化物《へんげもの》の歌舞伎踊の中に（長唄）いさみ商人（松魚売《かつおうり》）がある。「挿秧扇舞《たうへおどり》」はこれよりも古いので、十二変化物に構成される前のものか。愚嬌《ばかむこ》、客贋乳婆《にせうば》は不詳である。祐成時致は鎌倉時代に曽我十郎祐成と五郎時致の曽我兄弟が父の仇である工藤祐経《くどうすけつね》を討った物語を題材にしたもので、曽我物《そがもの》と呼ばれる多くの作品がある。景清《かげきよ》は平家物語に登場する藤原景清だが、平家物語では主役としては描かれていない。しかし、歌舞伎では源頼朝への復讐《ふくしゅう》に燃える平家の忠臣に仕立てられて人気を呼んだ。跳鼓《はねたいこ》は芝居小屋の櫓《やぐら》の上で閉場を知らせるために打つ太鼓で、まさに芝居の全ての終わりを知らせるものである。

　このように「挿秧扇舞」によれば、本芸の後に歌舞伎に由来する余芸が行われ、最後に跳ね太鼓を打ち、弥十郎が主人に礼と祝福の言葉を述べて太鼓を鳴らしながら去っていく。ここでは本芸と余芸がはっきり区別されている。

船遊亭扇橋の『奥のしをり』に天保12（1841）年正月に行われた仙台城下の田植踊で、にわか芸、すなわち余芸として虎狩、雀おどり、唐人、龍人などが出たとある。先に触れた十二変化物「四季詠高三ツ大」に清正虎狩、台所唐人があり、後述する雀踊を含め、ここでも田植踊の余芸は歌舞伎踊から導入されたことがわかる。

黒川系田植踊は前唄で新年の訪れを告げ、問答で生命力に富んだ苗を植える所作（豊饒《ほうじょう》をもたらす所作）を伝え、田植踊の本芸を行う。最後に花笠を取って扇笠にして片袖を脱いで本芸と異なることがわかるように着方を替えて、余芸として獅子舞（石橋）が行われていたと思われる。獅子の霊力で世の中すべてが泰平となったことを慶《よろこ》ぶものである。また、「（獅子は）千秋万世と願いを叶《かな》わせられ給《たも》う」と「挿秧扇舞」の弥十郎に似た祝福が述べられる。この前段の口上（前唄・問答）、中段の本芸（田植の踊）、後段の余芸（石橋《しゃっきょう》）の再構成は根底に門付けの芸がある。想像すれば、再編成以前は「挿秧扇舞」に近いものであったと思われる。

秋保系の跳ね太鼓もかつて余芸であったといい、現在行っているいずれの跳ね太鼓も花笠を取り、片袖を脱いで、本芸と異なる衣裳《いしょう》で行う。しかし、現在は最初に入羽、最後を上りはかで締める馬場・長袋・湯元の秋保の田植踊（仙台市太白区秋保町）と最初に入羽、最後に跳ね太鼓をする愛子（仙台市青葉区愛子）と新川（仙台市青葉区新川、1955年まで秋保分）に細分されている。地域に定着してから変化して、より狭い範囲の地域性が生まれたと思われる。

7　招待芸能交流

仙台北西部では江戸時代後期から明治・大正期、集落ごとに行われている田植踊や鹿踊《ししおどり》を招いたり、招かれたりして、村の集落が交流する習俗があった。これを招待芸能交流といっている。明治22(1889)年の合併で成立した村名でいえば旧七北田村、旧泉嶽村(仙台市泉区)と旧大沢村(青葉区大倉)が一つの交流圏であった。また、旧広瀬村(仙台市青葉区愛子)と旧秋保村(仙台市太白区秋保町)も一つの交流圏(206ページ参照)で、街道沿いの集落は1月から2月に田植踊、7月は鹿踊を招待し合った。

どこの芸能を呼ぶかは村の互助組織である契約講、あるいはその下位組織で防犯・風俗維持の強化、祭礼を掌《つかさど》っていた若者組(若者契約)を中心に協議され、招待芸能の接待は村を挙げて行われた。芸能が終わるとその後は長時間に及ぶもてなしがあり、帰る時には米、塩魚などのおみやげを持たせた。

契約講は集落の家長が屋敷の代表として参加する組織で、冠婚葬祭などの活動を行った。成文

仙台北西部における村の移り変わり

明治 22（1889）年	七北田村、市名坂村、上谷刈村、野村、古内村、松森村、荒巻村、北根村が合併して宮城郡七北田村になる
	根白石村、小角村、実沢村、西田中村、福岡村、朴沢村が合併して宮城郡泉嶽村になる
	芋沢村と大倉村が合併して宮城郡大沢村になる
	作並村、熊ヶ根村、上愛子村、下愛子村、郷六村と名取郡長袋村字白沢及道半が合併して宮城郡広瀬村になる
	新川村、馬場村、長袋村、境野村、湯元村が合併して名取郡秋保村になる
明治 30（1897）年	泉嶽村が宮城郡根白石村に改称する
昭和 30（1955）年	根白石村が宮城郡七北田村と合併して宮城郡泉村になる
	広瀬川南の広瀬村と北側の大沢村が合併して宮城郡宮城村になる
	名取郡秋保村大字新川が宮城郡宮城村に編入する
昭和 32（1957）年	泉村が宮城郡泉町になる
昭和 38（1963）年	宮城村が宮城郡宮城町になる
昭和 42（1967）年	秋保村が名取郡秋保町になる
昭和 46（1971）年	宮城郡泉町が泉市になる
平成元（1989）年	仙台市が泉市、宮城郡宮城町、名取郡秋保町を編入・合併し、政令指定都市に移行する

の規約があり、申し合わせ事項を確約した。宮城県では江戸時代中期が早いもので、多くは江戸後期に成立した。江戸時代の村（現在の大字ほどの規模）よりも狭い集落（小字《こあざ》等）もしくは複数の集落単位で組織された。集落では契約講を核として、若者組のように性別や年齢に分かれて複数の講があり、若者組は15歳から35歳まで等の男性が全員参加した。

田植踊の人数は江戸時代の仙台城下では総勢5人であったが、現在行っている田植踊は早乙女と弥十郎だけでも5人以上になっている。黒川系の富谷ではかつて弥十郎1、早乙女2であったとしているので、在地に伝わった時は仙台城下と同じ人数であった。それが地元に定着してから増えたわけである。そのきっかけは庭元が行う田植踊から集落の講中心の田植に変わったことにあると思われる。人数が増えることによって、田植踊に参加する関係者の家も多くなり、より地域の芸能にふさわしいものになっていったのである。

招待芸能交流の古い記録は文政12（1829）年7月に泉の村々に福岡（仙台市泉区福岡）の鹿踊が招かれたものである。福岡については第8章で詳述する。旧宮城町（青葉区愛子）地区では下川前区（仙台市青葉区芋沢）が作並の田植踊（仙台市青葉区作並）を招いた文久4（1864）年の記録が古い。新しい記録は大正12（1918）年2月に朴沢上組契約講（仙台市泉区朴沢）が福岡藤沢田植踊（廃絶、仙台市泉区福岡）、同じく同年2月、新川若者組（仙台市青葉区新川）が大倉田植踊（仙台市青葉区大倉）を招いたものである。

江戸時代の村は、明治後期になると国・県・村の国家統治機構の末端に位置づけられたが、それは江戸時代の数村が合併してより広域の行政区画として誕生した新村であった。これにより藩・郡・村の領国経営の基礎として年貢負担等を請け負う行政単位として、江戸時代から続いた旧村は、実体が失われた。広域行政制度は、明治末年頃にはほぼ国内に行き渡ったとされる。招待芸能交流を行っていた地域の若者組が廃止もしくは青年団に変容したのは、明治から大正にかけてが多い。それは新村が誕生して旧村の存続意義が失われた時期と一致する。加えて全国的に組織化された青少年教育が叫ばれ、古い慣習が批判されたのも、若者組衰退の一因とされる。

若者組廃止に連動して招待芸能交流を行っていた地域では芸能も廃止された所が多い。仙台市

招待芸能交流の例（千葉『東北民俗第28輯』より、一部改変）

番号	年　代	招待した地域（現在と旧村名）とその芸能（△廃絶）		招待された地域（旧村名）とその芸能（△廃絶）	
1	明治10(1877)年2月10日	仙台市泉区朴沢（根白石村）	朴沢上組契約連中（朴沢鹿踊△）	大沢村	大倉村田植踊
	明治2(1893)6年7月25日			七北田村	野村鹿踊△
	大正5(1916)年10月25日			根白石村	福岡中組鹿踊
	大正7(1918)年7月22日				小角奴田植踊△
	大正12(1923)年2月19日				福岡藤沢田植踊△
2	文久4(1864)年1月22日	仙台市青葉区芋沢中原（大沢村）	下川前区中（川前鹿踊）	広瀬村	作並村田植踊△
	大正7(1918)年2月14、15日			大沢村	芋沢中区・大手門区田植踊
	大正7(1918)年頃				下大倉田植踊
3	元治2(1865)年1月22日	仙台市青葉区新川（秋保村）	新川若者中（新川田植踊）	秋保村	馬場町境野村田植踊
	元治2(1865)年2月3日			大沢村	大倉村矢籠田植踊△
	大正12(1923)年2月末日				大倉田植踊
4	明治6(1873)年1月20日	仙台市太白区秋保町長袋並木（秋保村）	並木契約組（並木田植踊△）	秋保村	長袋町田植踊
	明治6(1873)年1月22日				竹之内田植踊△
	明治7(1874)年2月7日				加沢田植踊△
	明治8(1875)年1月26日				野中田植踊△

泉区で行われていた十数カ所の田植踊はいずれも大正期に廃止されている。これらの芸能が江戸時代の村を基盤とした集落もしくは複数の集落ごとに組織された契約講や若者組と結びついていたことがよくわかる。

昭和7（1932）年発行の雑誌『民俗藝術』に「宮城県名取郡秋保村の田植踊」として、馬場地区（仙台市太白区秋保町馬場）の招待芸能交流が記されている。その要約を次に掲げる。

秋保村には6集落あり、その中で田植踊を踊っていたのが馬場、長袋、境野の3集落であった。それら3集落を「出し部落」と呼び、年番を設けて1集落が田植踊を立てた。踊りを出す時期は、主として農閑期であるが9月の作祭りにも行った。他集落に招かれて踊る際、その日程の調整や経費は

「出し部落」と招待する集落の若衆頭である「若長」が集まって定めた。若長は各集落に５、６人いた。

通常は農閑期に招かれた地域を回るが、事前に披露する方と招待する方の双方が日程や経費などを含めた打ち合わせが持たれた。その代表が数名の若長であった。

田植踊を招待する集落では米を集めて酒を作り、魚を買い、景気の良い時代には引物《ひきもの》まで用意した。踊の終了後はそうして準備した酒や赤飯でもてなすが、村全体が関係するので宴席は百人を超すこともあった。その宴席で「出し部落」は、招待された御礼としてサナブリに招待する旨の口上を述べる。サナブリは「出し部落」が招待された地域をすべて回り終えた後に地元の宿で行う振舞いで、そこに各集落の若長以下を招いた。

馬場地区には昭和16（１９４１）年頃まで若者契約会があり、祭礼を仕切り田植踊を統率する役割も担っていた。高等小学校（現在の中学校に相当、卒業時は14歳）卒業後に長男のみが加入した。田植踊は太平洋戦争後に一時休止し、その後、復活し、昭和41（１９６６）年に保存会が結成された。若者契約会が消滅した現在も田植踊における若長は、その名称とともに継承され、現在も若者契約会当時と同じく、若長の名で４名が田植踊に関わっている。

第8章　鹿踊の定着

1　鹿踊とは

鹿踊《ししおどり》は獅子頭（鹿頭）を頭部に載せ、腹に小さな太鼓を抱えて集団で踊る。1人が1頭の踊り手になることから、2人で獅子の四肢を演じる獅子舞と区別して、1人立ちという。3頭あるいは3頭以上の多数で陣形を変えながら踊る。

1人立ちの鹿踊は東日本地域で行われている。例外として四国の愛媛県に鹿踊《しかおどり》がある。これは伊達政宗公の長男、秀宗公が慶長20（1615）年に宇和島藩主として赴任した後、仙台から伝わったとされる。

関東地方を中心に行われている3頭1組の踊は、東北地方の鹿踊《ししおどり》と区別して三匹獅子舞と呼ぶことがある。東北でも青森県、秋田県、山形県置賜地方、福島県会津地方は3頭である。宮城県と岩手県は6頭以上で、中でも県北部や岩手県南部の旧仙台藩領北部は8頭で踊られる。

現在はこの踊を一般に鹿踊としているが、踊の由来を記した伝書には鹿躍《ししおどり》と記されたものも多い。また、仙台藩関係の史料では獅子躍と記されている。

仙台市とその周辺の鹿踊は仙台鹿踊と呼ばれ、八幡堂系《はちまんどうけい》（9頭）、本砂金系《もといさごけい》（桃生野系《ものうのけい》ともいう。6頭）、熊野堂系《くまのどうけい》（屋代郷系《やしろごうけい》ともいう。8～12頭）に区分される。鹿とは別に笛等の囃子《はやし》が付く点が共通する。

八幡堂系は江戸時代、大崎八幡宮の別当寺であった龍宝寺（真言宗、仙台市青葉区）の子院、東光院（廃院）が統制していた。八幡町の鹿踊が仙台鹿踊の本家とされる。剣を持って集団で踊る、剣舞が鹿踊と共に伝承されているのが、仙台市以外の地域で行われている鹿踊と大きく異なる。現在、川前（仙台市青葉区芋沢）、福岡（仙台市泉区福岡）、上谷刈《かみやがり》（仙台市泉区上谷刈）の3団体が活動中である。かつて仙台城下の八幡町、宮町、その周辺地域である野村（仙台市泉区野村）、朴沢《ほうざわ》（仙台市泉区朴沢）、本木（仙台市青葉区愛子字本木）等でも行われており、廃絶を含めて11カ所が知られる。

本砂金系は現在、本砂金鹿躍上組《もといさごししおどりかみぐみ》（川崎町本砂金）のみが行われている。伝書には石巻に住んでいた桃生野八郎兵衛が当地にもたらしたとある。最近まで野口（仙台市太白区秋保町馬場）でも行っていた。かつては本砂金下組、小野（川崎町小野）にもあった。本砂金の伝書は剣舞のことも記されるが、踊るのは鹿躍のみである。

熊野堂系は屋代郷（山形県東置賜郡高畠町）から熊野堂十二神鹿踊《じゅうにしんししおどり》（名取市高舘熊野堂）が伝わったとされる。現在は10頭だが、付属する熊野本宮社の別名十二神にちなんで、かつては12頭で踊った。他に多賀城鹿踊（多賀城市八幡）があり、仙台市若林区の荒浜や蒲町でも行われていた。
宮城県北部・岩手県南部の旧仙台領北部の鹿踊は、少数の例外を除くと太鼓を抱えた８頭の鹿のみで構成される。うしろ腰に白くて長い「ササラ（長さ３メートル以上）」を付けるのが特徴である。早稲谷《わせや》（気仙沼市早稲谷）と清水目《しずのめ》（栗原市一迫清水目）は例外として、これに坊主が付き添う。行山流《ぎょうざんりゅう》と金津流《かなつりゅう》という流派があり、岩手県南部の旧仙台領でも盛んに行われている。行山流は県内９カ所で行われているが、これまで廃絶を含めると、延べ30カ所が知られている。岩手県はもっと多く、延べで99カ所が知られ、久田鹿踊《きゅうでんししおどり》（岩手県奥州市江刺梁川）も例外で、８頭の他に坊主と笛が付く。

各舞組の伝書によると、元禄年間（１６８８～１７０３年）に活躍したと見られる、志津川（南三陸町）の伊藤伴内が、行山流の祖と伝わる。また、その弟子という（南三陸町）入谷四郎兵衛も、行山流を普及させた人物として知られている。県内のもう一つの流派、金津流は松森（仙台市泉区松森）の仙台藩士、犬飼清蔵が享保９（１７２４）年に伝えたとする一方で、金津村次橋《つぎはし》（大崎市松山次橋？・）が発祥とされる。

2　宮城県の鹿踊の成立

本砂金鹿躍上組《もといさごししおどりかみぐみ》（川崎町本砂金）に、「慶長5（1600）年、関ヶ原の役（北の関ヶ原といわれた慶長出羽合戦、上杉景勝と最上義光・伊達政宗の戦い）に当り、伊達政宗の名代として伊達正景（伊達氏一門で留守氏第18代当主留守政景）が本砂金に陣をとり、戦功のあった砂金実常（川崎町前川、前川本城の主）という武将が出羽領に出陣した折に本砂金の鹿躍をもって大いに気勢を挙げた」との伝承がある。また、熊野堂十二神鹿踊（名取市）が付属する熊野本宮社では、「文安年中（1444～49年）、米沢屋代郷の修験者によって移伝された」とし、入羽舞を米沢の故地にちなんで屋代節と呼んでいる。こうした言い伝えを信用すれば、本砂金系や熊野堂系は江戸時代以前に行われていた可能性もある。

後に仙台藩初代藩主となる伊達政宗公が米沢時代の天正15（1587）年に鹿踊を見た記録は、仙台鹿踊の成立にも影響する内容と考えられる。ただし、この記録は二つある。一つは政宗公の治績をまとめた『貞山公治家記録』である。これは政宗公が死去してから60年以上経《た》った元禄16（1703）年に編纂《へんさん》された。もう一つは『貞山公治家記録』編纂時に参照された「当家その時代の日記（政宗公在世時に記録された日記）」と目される『伊達天正日記』である。

①『貞山公治家記録』天正15（1587）年7月24日条

晩に片倉小十郎宅へ出かけ、獅々躍《ししおどり》を御覧になる。常州《じょうしゅう》（常陸国、現在の茨城県の戦国大名）佐竹の躍、当地の躍等がかけられた。奥筋《おくすじ》においては盂蘭盆《うらぼん》前後に此躍《このおどり》が行われる。盆の供養という。（筆者口語訳）

政宗公は7月24日に米沢で片倉小十郎宅を訪れ、そこで獅々躍を見た。そこで見た常陸国の戦国大名佐竹氏に由来する躍は関東地方に多い、3頭で踊る三匹獅子舞である。また、当地の躍もある。奥筋では7月15日前後の盂蘭盆会に盆の供養に踊るという。地域を表わす奥筋がここではどこをさすのか不明である。一方、この記録を編纂する際に参照したとされる『伊達天正日記』は以下である。

②『伊達天正日記』天正15（1587）年7月24日条

天気よし。日暮に片倉小十郎方へ出かけ、佐竹氏から来た躍りを御覧になる。それより前には、うずくまる躍も踊られた。いずれも佐竹氏から来た踊りがかけられた。（筆者口語訳）

当時、政宗公が米沢の片倉小十郎宅で見たのはいずれも佐竹氏の躍であり、ここに当地や奥筋の躍に関する記述はない。このことから当地や奥筋の文言は『貞山公治家記録』が編纂された元禄16（1703）年に挿入されたと考えられ、仙台藩内の地域を指していると思われる。そうであれば、当地は仙台城下もしくは仙台領、奥筋は当時呼ばれていた磐井郡、胆沢郡、江刺郡、気仙郡、本吉郡北方の各郡を指している。

4代藩主伊達綱村公が鹿踊（獅子躍）を見た記録もある。

③『肯山公治家記録』貞享2（1685）年7月16日条

伊達綱村公は午の時刻に（広瀬）川へ水遊に出かけ、すぐに伊達将監殿宅に入られた。（中略）そこで獅子躍やアヤツリ（操り人形芝居）を御覧になり、亥の下刻（午後10時頃）に城へ帰られた。（筆者口語訳）

盆中の7月16日、仙台城を出て広瀬川へ水遊び（沐浴《もくよく》）に行き、現在の仙台国際センターの場所にあった異母弟・伊達将監邸を昼頃に訪れ、獅子躍と操り人形芝居を御覧になり、午後10時頃に帰られた。演じられたのは伊達将監邸に近い、八幡町の鹿踊であろうか。

④「公儀御触御国制禁」享保元（1716）年8月

一御出馬をした節、栗原郡高清水において獅子躍を御覧になられた。この獅子躍の幕に金銀の箔《はく》が縫い付けられているのを御不審に思われ、幕へ金銀の箔を付けるのを制止された。

（筆者口語訳）

歴代藩主の在任期間から見て、享保元年に高清水（栗原市高清水）で獅子躍を御覧になったのは5代藩主伊達吉村公と思われる。当時の高清水には政宗公の庶子、亘理宗根《わたりむねもと》を祖とする高清水亘理氏＝宝暦7（1757）年に佐沼（登米市迫町）へ移り佐沼亘理氏となる＝がいた。その高清水で鹿踊が行われており、金銀の箔を使用した豪華な幕が掲げられていた。このため以後、金銀箔の使用を禁じた。幕は高清水亘理氏がバックアップしての制作であろうか。

⑤「公儀御触御国制禁」享保9(1724)年12月

一宿守《やどもり》(武家屋敷の管理人)等が正月に渡世《とせい》(世渡り)として田植(踊)を行うのは、一組の惣人数《そうにんず》が10人までならばこれを許す。10人を越える人数は控えること。

ただし、歌舞伎等に紛れて田植踊を行うことを禁ずる。

一7月に行われる獅子躍の人数は田植(踊)と同じで10人を限りとすること。

一けんばい(剣舞)は獅子躍の人数と同じにすること。

右は在郷へも追々に申し渡す。(筆者口語訳)

「在郷へも追々に申し渡す」とあるので、これは農村部に先駆けて仙台城下で出されたものである。仙台藩は享保9年12月に獅子躍の人数を正月の田植踊とともに10人以内とするように制限した。人数を制限したのは芸能が華美に賑《にぎ》やかに行われるのを警戒したためとされる。仙台城下では獅子躍と剣舞は7月に一緒に興行されるので、両者は同じ人数に制限された。

なお、田植踊の人数はその後、元文元(1736)年12月、さらに5人へと減じられた。総勢5人の構成は絵画資料により、弥十郎1人、早乙女2人、楽器・歌を担当する岡の衆2人である。

一方、鹿踊の人数は元文元年以降も10人のままであった。鹿役と楽器担当が分かれている八幡堂系は、現在、鹿役9人、笛吹き2人、大太鼓1人の12人である。仮に田植踊と同じで総勢に楽器担当も含まれていれば、鹿役は9人未満であった可能性がある。

鹿踊の中でも行山流や金津流の大半は鹿役8人のみである。この他、行山流には坊主1人が付くものと、坊主1、笛1が付くものがある。前者は早稲谷鹿踊（気仙沼市早稲谷）と清水目鹿踊（栗原市一迫清水目）、後者は久田鹿踊（岩手県奥州市江刺梁川）で、その場合でも9人、10人で、江戸時代の人数制限以内である。このことから行山流や金津流は、享保9（1724）年の人数制限後は鹿役8人で構成されたと思われる。

佐沼（登米市迫町）では江戸時代、佐沼邑主《ゆうしゅ》御抱えとされた鹿踊（行山流佐沼系）が昭和初期まであった＝平成7（1995）年に復興＝。腰指のササラは頭上より2尺（約60㌢）以内の長さに制限されていた。佐沼要害の低い門を潜《くぐ》るためというが実は、他より短いササラは、行山流の古い姿を伝えているのであろう。10人で踊る芸態も珍しく、享保9年の人数制限に合致する。亘理氏以前に始まるとの言い伝えもある。しかし、亘理氏が宝暦7（1757）年、佐沼に来る時、鹿踊も高清水から一緒に来た可能性がある。その場合、鹿踊の庭元は高清水に根付いていた農民ではなく、亘理氏の家臣（武士）である。

3　3頭から多頭の仙台鹿踊へ

　東北地方南部や関東地方の三匹獅子舞は腰に小さな太鼓を下げ、周りの者が太鼓、笛で囃《はや》しながら踊る。9頭で踊る仙台鹿踊も、笛や大太鼓が別に付く。囃子が別にあるという点では、仙台鹿踊は行山流、金津流よりも三匹獅子舞に似る。三匹獅子舞と仙台鹿踊は『貞山公治家記録』と『伊達天正日記』の天正15（1587）年7月20日条を見る限り、政宗公の米沢時代に踊られた佐竹の躍《おどり》（常陸国に由来する三匹獅子舞）が、仙台で成立した仙台鹿踊より早くに行われていた。

　三匹獅子舞で古い形を伝えているとされる内郷高野《うちごうこうや》三匹獅子舞（福島県いわき市）の雄獅子《おじし》は、先端に黒い羽を付けた1$^{\text{メー}}_{\text{トル}}$ほどの竹2本を交差させて、うしろ腰に指す。雌獅子《めじし》は幣束を2本交差させる。仙台鹿踊八幡堂系に属している福岡の鹿踊（仙台市泉区福岡）は竹を黒い羽根で葉っぱのように飾り、先端に赤布の玉を付した1$^{\text{メー}}_{\text{トル}}$ほどの綾竹《あやだけ》を背中にまとう。中立《なかだち》は3本、他は2本、雌鹿《めじし》はその間に5色の幣束を指す。本砂金系は5色の幣束、熊野堂系は神社名を記した旗を2本指す。県北で行われている行山流等の鹿踊は、3$^{\text{メー}}_{\text{トル}}$以上の竹に白い紙を巻き付けて花を咲かせたように飾ったササラをうしろ腰に結う。

この白い花に似た長い腰指《こしざし》（ササラ）は、葬式で死者を安楽の地へ送るための持ち物、紙花《しか》（四華）を想起させる。一方、黒くて短い腰指は県内において仙台鹿踊に特徴的なものである。

内郷高野三匹獅子舞（いわき市）の腰指

福岡の鹿踊（仙台市泉区）の雌鹿の腰指

しかし行山流にもこれに近い腰指がある。久田鹿踊《きゅうでんししおどり》（岩手県奥州市江刺梁川）の腰指で、長さ1・5メートルと短く茶褐色の羽根を付けたものである。笛も別に付いている。久田の伝書には「奥州仙台御城下八幡堂」から「慶長4（1589）年7月10日」に伝授されたとある。残念ながら慶長4年時、政宗公の居城は岩出山城（大崎市岩出山）で、仙台城下八幡堂はまだ成立していないため、伝えられた年代は疑いがある。しかし久田は、行山流で最も八幡堂系に近い芸態であり、行山流が成立した17世紀後半以前に仙台城下から仙台領北部に伝わった鹿踊を伝えている。

4　悪魔払いの踊から回向の踊へ

関東地方の三匹獅子舞は秋祭りに行われることが多い。かつては雨乞い、風追い等の祈祷《きとう》や災厄祓《ばら》い、仏供養としても行われていた。秋田県の三匹獅子舞のささらは佐竹氏がお国替えで常陸から秋田へ移動する道中行列の先頭で、悪魔払いをしたのが定着したとされる。愛媛県の鹿踊《しかおどり》は土地の神を鼓舞して言寿《ことほ》ぎ、幸せを招く芸能として行われている。これも伊達秀宗公の仙台から宇和島への道中で、悪魔払いとして行列を先導したというが、実際は宇和島一宮（宇和津彦神社）祭礼における神輿行列として、宇和島入部の30数年後に導入されたとされる。

八幡堂系鹿踊は剣舞と一体で悪魔や不浄を払い、五穀成就・天下泰平を祈る。福岡の鹿踊（仙台市泉区福岡）の慶安2（1649）年とされる伝書は、その由来を次のように説いている。渇夏《かっか》と言う虫が稲穂を喰い荒らして3年も稔《みの》りがないところに、天竺《てんじく》（インド）南海国から元弘（1331〜34年）の頃、釈迦《しゃか》如来が鹿の主と化して、そのお告げにより数万の鹿がどこの国からともなく集まって我が国に天下り、鳥のように飛び廻《まわ》り、通力自在で害虫を残らず取り払ったので世の中は五穀成就に治まった。
日本に悪魔外道《げどう》が集まったため風雨が激しく照る日もすぐに曇り、耕作物が稔らない所へ、どこの国からともなく壱騎当千の若者12騎がやってきた。その姿は外道とも人間とも仏とも神とも見えず、日本にない業術《ごうじゅつ》を使う。おかげでこの世を住み家とする悪魔外道は恐れをなして消え失せて泰平に見えるとも、彼の12体の若者が各地を飛び廻り、術を施すので、万民は恐れをなした。そこに貧しい姿の老僧が念仏を唱え、12騎の前に立ち交わると、念仏に手拍子足拍子を取られて、12騎の若者は消え失せた。老僧は釈迦如来が化した姿で、若者はそのお告により天竺南海国より来た12体の仏で悪魔外道を払うため、あのような姿で天下りしたのであった。
これより末世に再び国が悪魔外道に侵されても彼の術を行う者がいれば悪魔外道、病難・悪難・釼難《けんなん》・不浄を払えると告げて、老僧は霞《かすみ》のように失せた。以後、日本は五穀成就で財宝も自然と集まり、世は天下泰平、万民安全と治まる。故《ゆえ》に今に至るまで老僧のお告げを失わずに鹿躍に付き添う剣拝と名付けて念仏を唱える。（筆者口語訳）
鹿踊《ししおどり》は害虫を払って天下安穏・五穀成就をもたらす作祭、剣舞は悪魔外道を払って五穀成就・

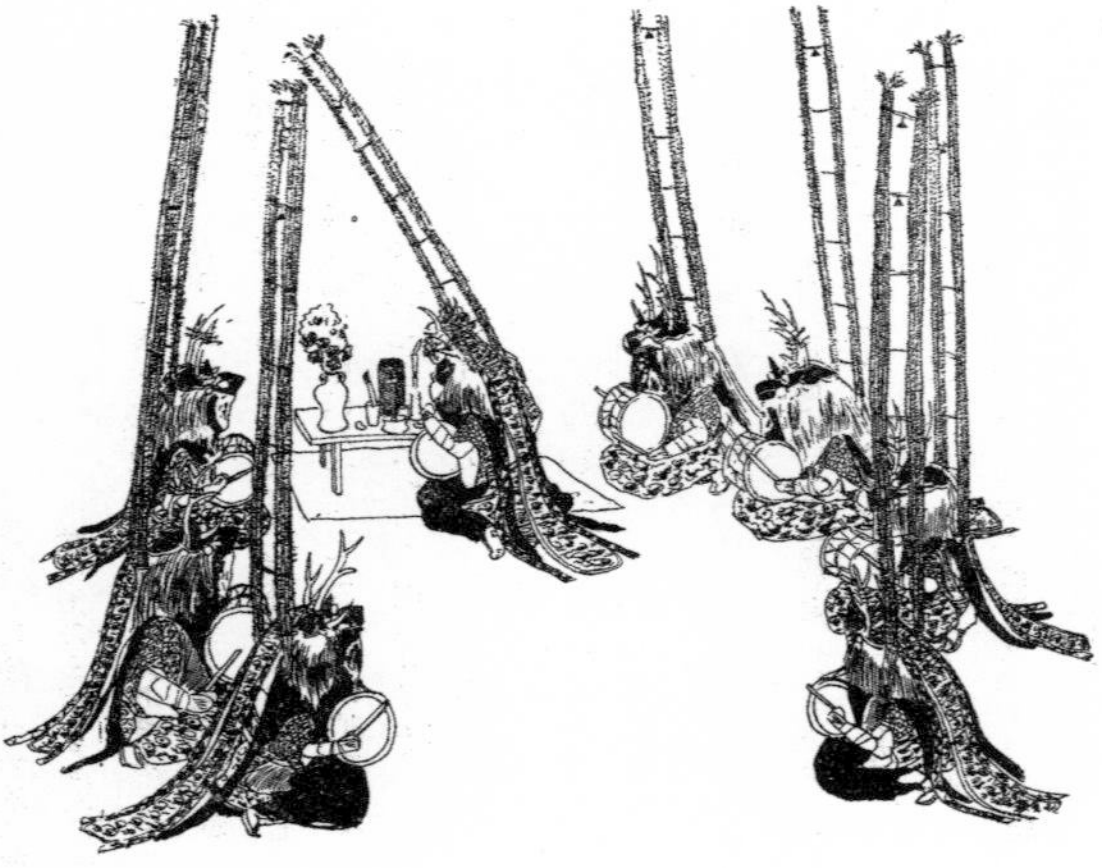

鹿妻の鹿踊（東松島市）の「墓踊」（『宮城縣史19』より）

天下泰平・万民安全をもたらす念仏である。仙台鹿踊を伝えた久田鹿踊（岩手県奥州市江刺梁川）伝書も、悪事災難を払うと記している。

盆に踊るのは7月から12月までの悪事災難を払う心である。正月は神をまつり、7月は仏を供養し霊をまつる。これが両部神道であるが故に盆に踊るのである。（筆者口語訳）

行山流等の鹿踊は演目に「墓踊」がある。本田安次は『宮城縣史19』で鹿妻《かづま》の鹿踊（東松島市矢本鹿石前）の「墓踊」を次のように記している。「庭の正面に、蓙《ござ》の上に机を置き、供養をしようとする人の位牌《いはい》をその上に飾」る。「位牌を囲む様に、位牌に向って正面に中立《なかだち》、両前立《りょうまえだち》を左右両端にして、半円形になるように位置を占める」。中立が「進み出て位牌の前に坐し」、「位牌の上に水をかける。次に線香を上げ、合掌して退《さが》る」。「次いで左方の前立、右方の前立、その他の者も順次に出て回向《えこう》（成仏を祈って死者を供養すること）をする」『貞山公治家記録』天正15（1587）年7月24日条に記す「奥筋《おくすじ》（仙台領北部）」で、「盆の供養」に行われる鹿踊は、同書が編纂《へんさん》された元禄16（1703）年頃の行山流鹿踊等の様子を物語っている。

5　庭元による伝承の系譜

江戸時代、鹿踊《ししおどり》は7月に門付けの芸能として興行された。興行する権は庭元が保有していた。この形は正月の田植踊と同じであるが、鹿踊は文書や伝授の巻物によって庭元による伝授の系譜がわかる場合がある。

仙台及び北西近郊の鹿踊は、八幡町が師匠で、野村が兄弟子、福岡・上谷刈・朴沢が弟弟子、宮町が伯父とされ、城下八幡町にある龍宝寺塔頭《たっちゅう》の一つ、東光院が差配していた。

八幡町鹿踊の師匠を福岡に伝わる文書で見ると①元祖藤九郎＝寛永2（1625）年②長兵衛＝享保20（1735）年③七左衛門弟子　勘十郎＝寛政4（1792）年、文化3（1806）年④御門前締役、先生　笹原新蔵＝慶応2（1866）年―が知られる。師匠は弟子に鹿踊を伝授するかともに、鹿頭の前面を飾る立物《たてもの》（八幡町鹿躍伝来建物）の使用を許可した。その鹿踊師匠を統括した東光院とその本寺である龍宝寺は、踊の場を飾るための幕や鹿役の顔から胸を覆う九曜御紋付絵幕の使用を許可する権限を持っていた。

八幡町は仙台から山形へ通じる作並街道沿いにあり、城下の西端に位置する。八幡町鹿踊の師匠は、同町やその周辺に住んでいた大崎八幡宮・龍宝寺門前の商工業者、大工・石工等の職人、あるいは足軽の可能性もあるが、詳細は不詳である。一方、仙台城下近郊で八幡町鹿踊の弟子踊として八幡町の師匠から伝授を受けたのは、在郷に住む農民であった。その人物が村の鹿踊の中心となり興業的には庭元（興行主）、踊では他の鹿をリードする中立《なかだち》を務めた。

行山流は、庭元が弟子に鹿踊を伝授する際に秘伝の巻物を添える。これには鹿踊の由来や師匠（庭元）の系譜が記されている。遠田郡美里町北浦で行われていた鹿踊（廃絶）の伝書を例に見てみる。

「鹿踊の来由」として「本朝鹿踊の起りの本は常陸国鹿嶋に御鎮座する武甕槌命《たけみかづちのみこと》、鹿嶋大明神なり。鹿を愛し賜う所に八列を作り、神前において戯れることすこぶる歌舞踊躍するに似る故にその所を号す」「仏道の盛んなる時に至りて、七月十五日の盂蘭盆聖霊会《うらぼんしょうりょうえ》に鹿踊は進みて民家の庭において各々の先祖の霊魂を慰めるなり」「右一巻、極秘の事と雖《いえど》も相傳《そうでん》せしを免す。ゆめゆめ外に見しこと在る間敷ものなり」（筆者読み下し）

鹿嶋大明神との関わりが起源に結びつけられている。仏教が盛んになると7月の盆に先祖の霊を慰めるために家の庭で踊るようになったとする。

庭元の系譜は「太郎右衛門傳」として①四郎兵衛＝本吉郡入谷村（南三陸町入谷）→②市之丞→③万太郎→④治四郎＝玉造郡新田村（大崎市古川新田）、天明２（１７８２）年伝授→⑤新太郎＝玉造郡伏見村（大崎市古川大崎伏見）、文化元（１８０４）年伝授→⑥惣太郎＝志田郡保柳村（大崎市古川保柳）、文政９（１８２６）年伝授→⑦勝助＝遠田郡北浦（美里町北浦）、嘉永元（１８４８）年伝授―とある。最初の四郎兵衛は行山流を普及させた人物で、多くの伝書に名前が見える。④治四郎（大崎市古川新田）以降は伝授年代と地域がはっきりしており、信頼性が高い。

次に栗原市鶯沢の鶯沢鹿踊（活動中）の伝書を見てみる。

「鹿踊の巻」に「そもそも鹿踊の初めは江刺郡行参堂と相成り候。門人後に初めに相成、それより日本の内には鹿踊の伝系十二組に限り候事。江刺より行参の先師は栗原村長七と申す者へ伝系し候事。それより段々に譲り相成り二迫鶯沢村彦六と申す者へ伝え譲り、一迫花山村源太郎へ譲り、その門人の平太郎より唄吉と申す者へ伝え、四人より栄作へ譲り相成四人門人に罷《まか》り成り候に付き、伝来に預り候壱巻を写し取り譲る事」。（筆者読み下し）

庭元の系譜は①江刺郡（奥州市）行参堂→②長七＝栗原村（栗原市栗駒栗原）→③彦六＝二迫鶯沢村（栗原市鶯沢）→③源太郎＝一迫花山村（栗原市花山）→④その門人平太郎→⑤唄吉→⑥栄

作＝花山村（栗原市花山）→⑦勇太郎＝二迫鶯澤村駒場（栗原市鶯沢南郷）、天保8（1837）年伝授―とある。こちらの行山流は江刺郡（奥州市）行参堂（詳細不詳）から栗原に伝わったとしている。

6　福岡の鹿踊と招待芸能交流

福岡の鹿踊《ししおどり》を伝える仙台市泉区福岡は江戸時代、宮城郡福岡村といった。ここでは、江戸時代から仙台鹿踊八幡堂系が行われていた。庭元は同村の有力者である鴇田《ときた》家が務めてきた。

仙台市出身で東京都立大学名誉教授の法社会学者・千葉正士及び東北大学名誉教授の歴史学者・平重道の研究によれば、文政11（1828）年に福岡区中組、すなわち福岡村6地区のうち泉、城ノ内《じょうのうち》、川崎の3地区で構成された若者組の規約が明文化された。この若者組規約は村の指導者層である41歳から60歳の男性（中老）が、若者組の代表（若者頭）を通して15歳から30歳（正会員）、31歳から40歳（準会員）の行動を規制し、風紀を取り締まるものであった。直接的には、庭元が組織し興行していた福岡の鹿踊に若者が勝手に加入して夢中になり、仕事に影響が出るのを防ぐためであった。そこで今後は若者組として関与しながら若者を導くことにし、合わせて興行も行うことで、鹿踊を実質的に福岡の芸能とした。規約には「周りの村人から若者衆中へ見物聞物《みせものきかせもの》（鹿踊などを指す）等をするように頼まれたならば、若者頭の役に就く者が吟味して決めて、落ち度がないように取り図るべきこと」（筆者口語訳）とある。

若者組が鹿踊に携わることで、鹿踊庭元は若者組の宿元も兼ねることになり、盆に鹿踊が行われる時には、村人全員が同家に集まって見物したといわれる。以後、若者組が鹿踊を伝習するとともに興行にも関与し、近郷の芸能を村に招待するなど、若者組が村のあいだで行われる芸能交流の主役になった。結成翌年の文政12（１８２９）年７月、福岡の鹿踊は福岡、朴沢、西田中、小《お》角《がく》、根白石《ねのしろいし》など、明治22（１８８９）年に泉嶽村《いずみがたけむら》に合併する近隣各村の肝入、寺院、有力農民、在郷武士宅を巡った。８月は野村（仙台市泉区野村）、上谷刈（仙台市泉区上谷刈）、古内（仙台市泉区古内）、大倉（仙台市青葉区大倉）、根白石（旧根白石村）、芋沢（仙台市青葉区芋沢）、実沢（旧根白石村）等、福岡から離れた村々や仙台城下を巡った。７月分の祝儀は47切《きれ》２分５リと代３６７文、清酒28樽《たる》、８月分の祝儀は24切７分５リと代１貫文であった。金１切は金１分（０・25両）とされるので、７月、８月を合わせた祝儀71切は金17両以上に相当する。米１石（約１５０㌔）を約１両とすれば、米17石（約２５５０㌔、42・５俵）以上になった。この興行による利益は若者組結成後に行われた初興行というご祝儀相場であるとしても相当の額であった。

田植踊や鹿踊の招待芸能は、明治維新直後の神仏分離政策にも大きな影響を受けず、明治７

年代	招待した地域とその芸能				招待された地域とその芸能			
	現在	明治期	江戸期	芸能（△廃絶）	現在	明治期	江戸期	芸能（△廃絶）
文政 12（1829）年 7 月	仙台市泉区	根白石村	朴沢村	朴沢の鹿踊△	仙台市泉区	根白石村	福岡村	福岡の鹿踊・剣舞
			泉区	西田中の田植踊△				
			小角村	小角の奴田植踊△				
			根白石村	根白石の田植踊△				
文政 12（1829）年 8 月	仙台市泉区	七北田村	野村村	野村の鹿踊△				
			上谷刈村	上谷刈の鹿踊・剣舞				
			古内村	古内の鹿踊△				
		根白石村	根白石村	根白石の田植踊△				
			実沢村	実沢の田植踊△				
	仙台市青葉区	大沢村	大倉村	大倉の田植踊				
			芋沢村	芋沢の田植踊				
明治 7（1874）年 3 月	仙台市泉区	根白石村	福岡村	福岡の鹿踊・剣舞	仙台市泉区	根白石村	実沢村	川西組田植踊△
明治 9（1876）年							小角村	小角村田植踊△
							西田中村	西田中村田植踊△
						七北田村	野村村	野村鹿踊△
					仙台市青葉区	大沢村	大倉村	矢籠田植踊△
明治 10（1877）年								日向田植踊
明治 15（1882）年								白木組田植踊△
明治 27（1894）年							芋沢村	芋沢区田植踊

宮城郡福岡村（仙台市泉区）の招待芸能交流（平『宮城縣根白石村史』より作成）

（1874）年に実沢村川西組田植踊、明治9年に大倉村矢籠《やごめ》田植踊、小角村田植踊、西田中村田植踊、野村鹿踊、明治10年に大倉村日向《ひなた》組田植踊、明治15年に大倉村白木《しらき》組田植踊、明治27年に大沢村芋沢区田植踊を招待している。

しかし、明治22（1889）年に福岡村を含む6カ村が合併して泉嶽村（明治30年に根白石村《ねのしろいしむら》に改称）が成立したことで、状況に変化が起こる。合併は同年に施行された町村法に基づき、新しい村が旧村に変わって行政単位になり、地域住民にとっては江戸時代から担ってきた伝統的な村の役割、村の年貢を村民の責任で負担する等の実態がなくなるもので、旧村に基盤を置く若者組にとっても一大事であった。

この明治後期の社会変化が旧福岡村に浸透してきた明治25（1892）年、福岡の鹿踊は廃止された。当時の記録によれば、鹿踊はこれまで「若者一統出役《でやく》各々其《その》技を練り」「他町他村他組内の招請に依り舞踏し」「若者等が家業を営むの慰労を兼ね、合せて若者一統の親睦を厚くする」など、良い効果を収めてきた。しかし、維新の後は「社会の改良進歩」が目覚しく、「旧天地の陋習《ろうしゅう》（いやしい習慣）を破り」「彼の欧米文化の新気象を輸入しつつ」ある、この時勢において、若者が鹿踊に勢力を使うのは「頑固の嫌なきにあらず」との批判が村の識者から出た。それにより「時勢に適せず」となり廃止された。明治政府による神仏分離の影響はほとんど受けることなく、江戸時代と同様の興行が行われた。しかし、明治の行政機構の浸透、洋風の思想が普及・定着するにつれて廃止せざるを得なくなったのである。

幸い、大正６（１９１７）年に福岡の鹿踊は復活し、再び若者組が伝習し興行を担った。ただし、この頃は芸能招待交流事業で福岡の鹿踊と同様、各集落の芸能として認知されていた福岡周辺地域の鹿踊と田植踊のほとんどが、廃止されていた。例えば根白石村（仙台市泉区）は旧村が6カ村あり、うち旧朴沢村の鹿踊、旧実沢村6カ所、旧根白石村4カ所、旧福岡村2カ所、旧小角村と旧西田中村各1カ所、合わせて13カ所の田植踊が廃止になっていた。そのため復活は芸能交流習俗の復活を目指したものではなく、郷土芸術として鹿踊を再認識したためとされる。郷土芸術は19世紀末にドイツで生まれた考えで、郷土とそれに根ざした生活、風土と結びついて伝承される芸能・芸術を見直す風潮である。日本でも大正期から昭和初期にかけて、民俗学や教育運動等において、郷土という言葉は、日本の民族的な生活を究明するためのキーワードとして重要とされた。

その後も数度、中断と復活を繰り返しながら、戦後の混乱が収束した昭和31（1956）年に再び大きな画期を迎える。文政11（1828）年以来、120年以上に渡って鹿踊に関与してきた福岡中組の若者組が、この年に解散した。その前年に根白石村は七北田村《ななきたむら》と合併して、宮城郡泉村になっていた。福岡の若者組は根白石村で最後まで存続していた。しかし、江戸時代、若者組が担ってきた風紀の取り締まりは、明治期以降に行政の責務となり、さらに、市民社会（民主的・資本主義的社会）が浸透した戦後において、もはや若者組の果たす役割はほとんど失せてしまった。合わせて福岡の鹿踊も一旦中断し、以後の運営は昭和32（1957）年に結成された保存会に引き継がれて、現在に至っている。

第9章　明治期の雀踊

―藩祖政宗公二百五十年祭―

1 青葉神社の勧請と祭礼

仙台藩祖、伊達政宗公は武振彦命《たけふるひこのみこと》の神号で青葉神社（仙台市青葉区北山）にまつられている。青葉神社は明治7（1874）年7月1日から造営に着手し、本殿、拝殿、神楽殿、社務所等を建設して、同年11月15日に鎮座祭が行われた。

神社は仙台城下の北はずれ、北山丘陵にある。江戸時代に城下一の繁華街であった国分町から、まっすぐ北に向かった突き当たりの高台（北山丘陵）である。ここには伊達家菩提寺《ぼだいじ》で北山五山の中心、東昌寺があったが、寺域西側3分の2が神社地として提供され、東昌寺はその東側の現在地に移った。

明治期は藩祖をまつる神社が、日本各地に勧請《かんじょう》された。それまで混交していた神と仏が分離されたことに伴い、皇室をはじめ旧藩主家の多くは、仏としてまつっていた藩祖を神としてまつる、神祭に変更した。江戸時代、大名家の先祖祭祀《さいし》は、家臣を含めて半ば公的な形で寺院の法要として営まれたが、維新後は、旧大名家とその親族による神道式の家の祭りとなった。このため旧家臣は、旧主家の先祖をまつる神社を新たに創建、あるいは旧主家《きゅうしゅけ》の先祖をまつる既存の霊社を譲り受けて、旧藩士が共有する神社とした。淑徳大学の森岡清美氏によれば、「48社が旧藩主家の先祖」をまつる神社として、明治期に勧請された。

青葉神社はこうして成立した全国48社の一つで、伊達家の旧家臣が藩祖政宗公を参拝する神社として営まれた。神社は旧家臣によって担われ、地元の自治組織やそれ以外の地域住民も信徒として神社を護持し、氏子はおらず、崇敬者が県内一円に広がっている。

青葉神社の社殿　現在の社殿は昭和2（1927）年に完成した＝仙台市青葉区

江戸時代に仙台城下で行われた仙台祭は、東照宮（仙台市青葉区東照宮）の祭礼であるとともに、城下の町内連合や大店が山車《だし》を練り出す一大イベントで、藩を挙げて行われた。20台以上の山車が出て、大勢の武者が神輿《みこし》に付き添いながら、約10㌔の行程で城下を練り歩いたもので、多い時には数千人が行列に加わった。
明治期になると、仙台祭は東照宮祭礼（神社の神輿行列）と仙台山車祭（山車を伴う仙台の祭り）に分かれた。仙台山車祭として山車行列が行われたのは8回とされる。①天長節《てんちょうせつ》（明治天皇の誕生を祝う祝日、11月3日）＝明治4（1871）年開催

②桜ケ岡神宮祭礼（北山丘陵西端の伊勢堂山《いせどうさん》から今の西公園に遷座した）＝明治5年開催③青葉神社祭礼＝明治15（1882）年開催④招魂祭《しょうこんさい》（西南戦争等の国事に殉じた軍人、軍属等の慰霊祭）＝明治20年開催⑤同＝明治21年開催⑥同＝明治25年開催⑦同＝明治29年開催）⑧仙台開設三百年記念祭＝明治32（1899）年開催―である。市内に電線が張られて大掛かりな山車《だし》運行《うんこう》が困難になり、明治32年の仙台開設三百年記念祭を最後に行われなくなった。

青葉神社は明治7（1874）年の勧請後、伊達政宗公の命日にあたる5月24日に春大祭を行った。明治10年、11年の青葉神社祭礼は、神輿渡御《みこしとぎょ》に山車が供奉したという記録はない。明治15年の祭礼規模は大きく、旧仙台祭を彷彿させる大掛かりな山車が出て、明治期7回目の仙台山車祭に数えられた。山車は肴町2台、北鍛冶町、二日町、国分町、立町、南町、大町一丁目、本材木町から各1台の計8台で、他に神社下の北山から大万燈《だいまんどう》（大きな燈火）が出た。7台が担ぐ山車、2台が曳《ひ》く山車で、担ぐ山車が多いのは旧仙台祭と同じである。その後、明治18（1885）年に、藩祖政宗公二百五十年祭が大規模に行われた。

2　藩祖政宗公二百五十年祭の曳き屋台

仙台藩初代藩主、伊達政宗公は、寛永13（1636）年5月24日に江戸で死去した。享年68歳。遺体は6月3日に仙台へ戻り、生前の遺言により経ケ峰（仙台市青葉区霊屋下）に埋葬された。のちの瑞鳳殿である。

明治18（1885）年の藩祖政宗公二百五十年祭は、政宗公命日の5月24日を中心に、23日から25日までの3日間にわたって行われた。祭事は青葉神社とともに御廟《ごびょう》（瑞鳳殿）、それに御廟に香花を供える寺院（香華院《こうげいん》）として創建された瑞鳳寺（仙台市青葉区霊屋下）でも行われた。青葉神社と御廟は神式、瑞鳳寺は仏式であった。祭礼の中心である24日に神輿《みこし》渡御があった。奥羽《おうう》日日新聞《にちにちしんぶん》が数回に分けて報告記事を出している。以下に、神輿渡御に供奉した出し物から、国分町雀踊の記事を掲げる（『奥羽日日新聞』明治18年5月29日号）。

　国分町の雀踊《すずめおどり》はむかしの形《かた》を其儘《そのまま》に、揃《そろ》いの編笠一様《あみがさいちよう》の袢纏姿《はんてんすがた》も勇《いさ》ましく、神楽囃子《かぐらばやし》の評子《ひょうし》能《よ》く、青葉社御祭礼《あおばしゃごさいれい》の大旗《おおはた》を踊《おど》りながらに曳《ひか》せたり。是《こ》れをば則《すなわ》ち伊達模様乳母《だてもようめのと》の児遊《こあそ》びとぞ名号《なづけ》たる。其故由《そのゆえよし》は知《し》らねとも思《おも》ふに、必竟《ひっきょう》、政岡《まさおか》が忠《ちゅう》と鳴音《なくね》に因《ちな》みあれ、竹《たけ》に雀《すずめ》は伊達《だて》

<table>
<tr><th colspan="2">年月日</th><th>場所</th><th colspan="4">内　容</th></tr>
<tr><td rowspan="10">明治18年（1885）5月</td><td rowspan="2">23日</td><td>瑞鳳寺</td><td colspan="3">法会</td><td>読経、祭文読上げ、拝礼、能狂言奉納、花火</td></tr>
<tr><td>青葉神社</td><td colspan="3">宵祭、詠歌披講・講中献膳</td><td>各町花灯提</td></tr>
<tr><td rowspan="6">24日</td><td>瑞鳳寺</td><td colspan="3">法会</td><td>各宗僧徒</td></tr>
<tr><td>瑞鳳山
（瑞鳳殿）</td><td colspan="3">御廟祭典</td><td>祝詞、玉串、拝礼、撤饌
殉死人の祭式・戊辰西南両役戦死人吊魂祭、向山にて花火（昼・夜）</td></tr>
<tr><td>青葉神社</td><td rowspan="4">本祭
神輿渡御
発 10:30
着 18:00
還御後、流鏑馬、次に神楽奉納</td><td colspan="2">祭事</td><td>献膳・御霊遷しの式</td></tr>
<tr><td rowspan="3">市中</td><td rowspan="3">神賑行事</td><td>屋台行列</td><td>二日町踊屋台→国分町青葉社祭礼旗・雀踊→東一番丁踊屋台→各町消防組花万燈屋台→常盤丁踊屋台→青葉社下飾物→通丁仕掛燈籠</td></tr>
<tr><td>武者行列</td><td>大太鼓→杖曳→勝色金丸の旗一流→赤蟹牡丹と引両紋の旗一流→伊達道具（槍二筋）→払いの騎馬→流鏑馬射手 3、馬場払ひ騎馬 1、騎射射手 20 騎、甲冑武者 80 余名→惣大将</td></tr>
<tr><td>神輿行列</td><td>獅子頭 2・道払 1 →切幣→「武振彦命」神号旗→大榊→陣太鼓・笛→先駆神官→塩撒・弓矢・大幣→祠官→神輿・供奉神官→惣締り</td></tr>
<tr><td rowspan="2">25日</td><td rowspan="2">青葉神社</td><td colspan="3">献膳式</td><td></td></tr>
<tr><td colspan="3">報恩講社奉納</td><td>剣槍の試合、能狂言、騎射奉納、神楽奉納
見世物（東一番丁の玉木座主人の世話：大蛇・刀玉等）</td></tr>
</table>

藩祖政宗公二百五十年祭の日程（『奥羽日日新聞』明治 18 年 5 月 26、27、28、29、30 日号より作成）

丁・町名	形式	種別	出し物名称	備考
各町より曳き出したる新趣向、櫓下四郎を音頭に				
二日町	曳き屋台	踊屋台・手踊	青葉の誉れ鎧の草摺り	屋台に自来也の造物
国分町		青葉社祭礼大旗・雀躍	伊達模様乳母の児遊び	
東一番丁	曳き屋台	踊屋台	奥床し青葉の群鳥	美登代振付
区内各消防組	曳き屋台	花屋台・町名入り纏を形取った花万燈	勇み肌街の鉢巻	幸菊連娘芝居
常盤丁	曳き屋台	踊屋台	廓の友恋のしがらみ	当世流（はやりの踊）
青葉神社下		飾物	時鳥青葉の一声	
通町		仕掛燈籠	其の昔は花の曙	

藩祖政宗公二百五十年祭における各町の出し物（『奥羽日日新聞』明治 18 年 5 月 29 日号より作成）

家《け》の御紋《ごもん》、是等《これら》に依《より》ての趣向《しゅこう》ならめ。

当日の出し物は、消防組を入れて7町の参加であった。二日町、国分町は、江戸時代の仙台祭にも出し物を出していた。今回、二日町は踊屋台に手踊、国分町の雀踊は男女百名（『奥羽日日新聞』明治18年5月19日号）が加わった。東一番丁は江戸時代、伊達家の家臣が住む侍丁であったため、商家が準備する慣例であった出し物を出したことがなかった。明治期に店が軒を並べて繁華街に変貌した。これにより今回、初めて踊屋台に美登代《みとよ》振付の手振《てぶり》で参加した。以後、20年、21年、32年の招魂祭（仙台山車祭）にも参加している。消防組は花を飾った花屋台（『奥羽日日新聞』明治18年5月19日号）と各区の町名を入れた纏《まとい》形の花で飾られた万燈籠《まんとうろう》に幸菊《こうぎく》連《れん》娘芝居を伴っての参加である。

招魂祭における常盤丁（町）の踊屋台。右は明治 20 年「招魂祭御祭典絵図・明治 20 年（部分）」、左は明治 29 年「一大紀念招魂祭全図・明治 29 年仙台市町内山車（部分）」。車付きの屋台に屋形を載せ、下段に乗った囃子方が演奏し、踊り手が手踊、もしくは役者が芝居をする。囃子方が乗る下段は幕で覆われることもある（仙台市歴史民俗資料館所蔵）

常盤丁《ときわちょう》（のちに元常盤町）は江戸時代、伊達家重臣の屋敷が連なることから大名小路といった。それを明治10年代に造成して常盤丁と改称し、明治初期から国分町で営業を始めた遊廓《ゆうかく》を移した。常盤丁も明治18年が初めての参加であった。今回は踊屋台に廓内《くるわうち》で組織された娼妓《しょうぎ》雛妓《すうぎ》連《れん》（公娼、一人前でない芸妓、舞妓）が従った（『奥羽日日新聞』明治18年5月19日号）。雛妓連による踊は翌年の祭礼で出した踊屋台に「当世流南京踊」（『奥羽日日新聞』明治19年5月26日）で参加したのを参照すれば、当世流の踊（はやりの踊）である。

北山は、明治15（1882）年の青葉神社祭礼に大万燈を出したのに続いての参加であった。通町は職人町で商家がないため、江戸時代に仙台祭の山車を出したことがない。明治期の天長節や招魂祭（仙台山車祭）でも出さず、通町が参加したのはこの時だけである。

行列は城下北端に位置する青葉神社を出て、通町、二日町、国分町と市街をまっすぐに南下し、この年は芭蕉の辻を左折してから、城下南端の新河原町まで行った。帰りはそれを逆行し、途中、通町、二日町より1本西の木町通を通り、神社下（北山）を経て戻った。神社を午前10時に出発して約13キロの道のりを8時間以上もかけて巡行し、神社に到着したのは午後6時を過ぎるという長丁場であった。

3　江戸歌舞伎、曽我祭の影響

江戸時代の仙台祭、明治期の仙台山車祭の山車は、江戸時代から担ぐ山車が一般的で、曳《ひ》くのは少数であった。ところが明治18（1885）年の藩祖政宗公二百五十年祭は、二日町、東一番丁、常盤丁、消防組など、すべてが曳き屋台であった。しかも二日町、東一番丁、常盤丁は囃子《はやし》方が屋台に入って囃子を演奏し、踊り手が踊りながら進むという踊屋台であった。

新聞記事（『奥羽日日新聞』明治18年5月29日号）は、この祭礼の行列が新趣向だったことを強調している。新趣向は櫓下《やぐらした》四郎《しろう》（福の神として知られ、通称は仙台四郎）が行列を先導したことである可能性もある。しかし、彼は明治9（１８７６）年に桜ケ岡公園（現在の西公園）で開催された宮城博覧会でも行列の先頭で踊った前例があるので、これが新趣向ではない。その他で新趣向を考えると、ほぼすべてを曳き屋台（踊屋台）にしたことであろう。しかも踊屋台はそれぞれ踊り子を伴っており、踊の大行列が神輿《みこし》を先導する新趣向であった。こうした形の神輿供奉《ぐぶ》は、江戸時代の仙台祭やそれを継承した明治期の天長節、招魂祭、それに明治15（１８８２）年の青葉神社祭礼等の仙台山車祭にもなかった。相当、賑《にぎ》やかな行列であったと推察される。

揃《そろ》いの編笠《あみがさ》をかぶり、一様に竹に雀模様入りの袢纏《はんてん》をまとった、総勢１００人に及ぶ国分町の雀踊は、雀の歩くさまを竹に雀の模様の着物を尻端折《しりはしょ》りし、編笠をかぶって三里当《さんりあ》て（膝下に結ぶ三角形の布）をした奴姿《やっこすがた》（大きな四角形の釘《くぎ》抜き紋を染めた袢纏を着た武家の奉公人）で行列式に踊る、江戸歌舞伎の雀踊を想起させる。

江戸歌舞伎では5月28日前後に曽我祭が催された。雀踊は花笠踊とともに、曽我祭になくてはならぬ大踊《おおおどり》（幕の最後に行われる一座全員による踊）とされた。この祭礼は、芝居の守護神として楽屋に祀《まつ》っている曽《そ》我《が》荒人神《あらひとかみ》のお祭りである。曽我荒人神は、鎌倉時代に親の仇を討った曽我兄弟を祀ったものである。江戸歌舞伎は新春の邪気を払うために、新春狂言に曽我物を上演することを恒例にしていた。初春狂言の曽我物が大入りで、さらに5月まで曽我物興行が続いた年に、曽我祭を行った。始まりは宝暦3（1753）年、もしくは宝暦6年といわれる。

以下、『歌舞伎年表』等から曽我祭の動向を見ていく。最初に宝暦6年である。

宝暦6年、市村座にて曽我祭を執行する。当日は仕切場、留場、楽屋3階にも行灯《あんどん》、桃燈《ちょうちん》を吊《つ》るし、賑《にぎ》わしく飾り立て、芝居中、伊達衣裳《いしょう》には蝶《ちょう》と千鳥の染模様の揃ひの浴衣、昔は花山車、練り物、囃子の屋台なとを役者中で花やかに飾り、山王明神祭りのようにして、芝居小屋の木戸口より表町内、楽屋、新道廻り、隣町を通り、木戸口から花道へかかり舞台に入った。寛政年（1789〜1801年）の末まであった。（筆者口語訳）

歌舞伎の雀踊。歌川国芳「四代目中村歌右衛門、初代中村福助、三代目関三十郎」（部分）＝嘉永2（1849）年＝（京都精華大学国際マンガミュージアム所蔵・写真提供）

寛政6（1794）年は、都座、桐座、河原崎座の江戸3座で曽我祭がかなり派手に行われ、曽我神社の神輿が市中にも出た。それに付き添う踊もいろいろあった。あまり派手であったため、この年に幕府からお咎《とが》めを受け、以後の曽我祭は縮小された。

5月、都座及桐座にて曽我祭に、役者のほか芝居掛りの者まで目立った衣裳を着して、花出し（花山車）や萬度（万燈）を持って往還（往来）を歩くにいたって、傳内（都座の座元）、長桐（桐座の座元）を始め両町（都座のある堺町、桐座のある葺屋町）の家主並名主である松五郎・庄左衛門等の一同が御咎《おとがめ》を受ける。（筆者口語訳）

5月27日より曽我祭が出る。松ケ枝踊《まつがえおどり》、雀おとり（雀踊）、女夫おとり《おんなおとこ》（女夫踊）、住吉おとり、其他《そのほか》にも色々な趣向があった。堺町（都座）、葺屋町（桐座）の両座が共に曽我祭をし、それが花やかで大評判であった。これより後に曽我祭なし。（筆者口語訳）

（河原崎座が）5月27日から曽我まつり、榊、太鼓、猿田彦、獅子、花出し（花山車）、花笠けいご、ぎをんばやし（祇園囃子）、俄《にわか》、す武めおどり（雀踊）、女形四季花踊《おんながたしきのはなおどり》、惣おどり、四神、御神輿が出た。（「寛政6年度の江戸歌舞伎興行記録」より筆者口語訳）

政宗公二百五十年祭の踊屋台、花屋台、花万燈は、曽我祭の囃子屋台、花山車、万燈と同じであり、随伴する手踊（二日町）、雀踊（国分町）、美登代振付の手振（東一番丁）も歌舞伎踊であった。まさに江戸歌舞伎の曽我祭にならった新趣向である。中心は伊達家の竹に雀、雀踊であり、これを出した国分町が青葉社御祭礼の大旗を曳いた。

ただし、雀踊は明治18（1885）年が仙台初お目見えではない。田植踊の余芸として天保12（1841）年に仙台城下で踊られたことが、江戸の落語家、船遊亭扇橋の『奥のしをり』に出ている。

正月2日、3日から万歳、田植踊などが出る。（中略）はねこ田植は若者衆がいろいろな思いつきで行う、にわか芸（俄芸）である。虎狩、雀おどり、唐人、龍人などは弥十郎の仕切りにて遊び、楽しみとして出てくる。三味線はなく、囃しは笛、太鼓、摺鉦《すりがね》で町中を跳ね廻り、大家に跳ね込んで祝儀をもらい、酒を飲んで騒いだ。（筆者口語訳）

この時、扇橋が身を寄せていた長屋に住む吉野屋（商人か）の息子が、田植踊一行に加わった上、酒を飲んで喧嘩《けんか》を始めて大騒ぎになったという。

4　仙台芝居劇場の誕生

仙台で1500人前後を収容できて東京や上方《かみがた》から有名な役者を招いて上演できる劇場は、明治2（1869）年に開場した松浦座（仙台市青葉区北目町）が最初である。松浦座は明治12年に名称を宮城座と変更した。同座は近くにできた改良劇場仙台座（仙台市青葉区中央3丁目）に押され、明治29（1896）年廃座となった。

改良劇場仙台座の名称は、明治時代に起きた演劇改良運動と関連が

改良劇場仙台座は明治 23（1890）年に開場した（仙台市戦災復興記念館提供）

規模	名称	場所	開場又は改称年月	廃座・焼失時期	備考
大劇場	松浦座	北目町	明治 2 年		1400 人
	宮城座		明治 12 年 3 月	明治 29 年 8 月廃座	1400 人。松浦座を改称
	改良劇場 仙台座	東四番丁・ 南町通角	明治 23 年 11 月 22 日	戦災で焼失	2500 人・間口 11 間半(縣史)。 1400 人、間口 14 間・奥行 20 間(市史)
小劇場	大新亭	東一番丁・ 森徳横丁	明治 12年以前		別名: 合唱亭。500～ 600人
	中島座		明治 16 年 10 月		大新亭を改称
	東座		明治 17 年 11 月		中島座をを改称
	森民座		明治 25 年 10 月		東座を改称
	森徳座		明治 33 年 9 月		森民座を改称
	錦輝館		大正 4 年 07 月 25 日	昭和 6 年 1 月 12 日焼失	活動写真常設館
	玉木座	東一番丁・ 立町通の北角	明治 5 年	明治 19 年廃座(縣史)	400 ～ 500 人程度。500 ～ 600 人
	吉岡座	桜ケ岡公園内	明治 6 年	明治 15 年廃座	1000 人
	松嶋座	東一番丁・ 立町通南	明治 18 年 2 月 24 日		桜ケ岡から移転。明治 25 年に間口 15 間・奥行 20 間に改築
	仙台パテー館		明治 45 年 3 月		松嶋座を改称。活動写真常設館
	松嶋座		大正 8 年 7 月	大正 13 年 12 月 30 日焼失	再び歌舞伎、後に再度、映画上映
	荘義座	東一番丁・ 南町通	明治 39 年 01 月 02 日		300 ～ 400 人
	改良座		明治 40 年 01 月 14 日	明治 40 年 9 月 17 日焼失	跡地に日本生命(昭和 3 年)
	開明座	国分町・ 元櫓町	大正 2 年 10 月 03 日		
	仙台歌舞伎座		大正 9 年 07 月 07 日	戦災で焼失	開明座を改称。1500 人(縣史)

明治期・仙台の芝居劇場(『東一番丁物語』『宮城縣史第 14 巻』『仙台市史特別編 4』から作成)

ある。これは、歌舞伎を近代社会にふさわしい内容に改めようとする運動である。芝居を貴人や外国人が見るにふさわしい道徳的な筋書きに改めて、史実とはかけ離れた時代物をやめ、女優を出演させるなどの改良が提言された。だが写実的な演出や史実に則した芝居は、従来の歌舞伎を見たい庶民に不評であった。一方で、明治20(1887)年、明治天皇が歌舞伎を観覧するなど、庶民のものであった歌舞伎の地位向上に貢献した。

演劇改良運動の一環として、日本帝国改良演劇歌舞伎座が明治22年、東京・京橋(中央区銀座)に開場した。仙台では明治23年、仙台駅(明治20年開業)近くに、改良劇場仙台座が開場した。東京の歌舞伎座を範とした当時、市内最大の洋風劇場で、演劇改良運動が仙台に及んでいたことを示すものであった。

５００人規模の小劇場は、明治18（１８８５）年の時点で、東一番丁沿いに東座《あずまざ》、玉木座、松島座が並んでいた。これらの小劇場は、東京等から有名や歌舞伎役者を招いて上演するには興行収入の関係で困難なため、地元や福島の一座を招いた。この一座には地元で組織された女芝居の一座が含まれ、この中には後述するように、明治18年の藩祖政宗公二百五十年祭の踊屋台行列に加わるものもあった。

玉木座は、東一番丁の３座のうち最も早く、明治5（１８７２）年に建てられた。玉木座を経営した玉木鉄五郎は、政宗公二百五十年祭で青葉神社境内に小屋掛けされた見世物の設営に関与し、東京・銀座から長さ2丈3尺（約６・９メートル）、太さ3尺3寸（99センチ）の大蛇等を招聘《しょうへい》するのに尽力した（『奥羽日日新聞』明治18年5月29日号）。

5　仙台・女芝居の影響

江戸時代初期には女歌舞伎が存在していたが、寛永6（１６２９）年に禁止された。以後、江戸城大奥あるいは諸藩の屋敷に、男性の役者に代わって歌舞伎や狂言などを演じる女性たちがいたにすぎない。明治維新後にそうした女性たちが女役者として芝居小屋で上演し、これに刺激されて各地に女芝居の一座が誕生した。

明治24(1891)年に東京・神田三崎町に開場した三崎座は、女芝居の代表的な劇場として知られ、そこで座頭を務めた市川九女八《いちかわくめはち》(1846~1913年)は、女役者の名優として知られる。九女八は女団十郎とも呼ばれ、実際に九代目市川団十郎唯一の女弟子であった。市川九女八は明治12(1879)年開場の宮城座をはじめ、仙台の劇場でもたびたび公演するだけでなく、仙台の女芝居役者を弟子にするなど、仙台との縁も深かった。

仙台の女芝居は東一番丁の劇場で演じられた。梅三芝居《うめぞうしばい》は、仙台・肴町3丁目の料理店「梅三」の女中たちで組織された女芝居一座であった。明治4(1871)年の天長節に出た山車24台のうち、肴町が出した大漁祭栄《たいりょうまつりさかえ》の躰《てい》の曳《ひ》き屋台に随伴した舞子7人には、梅三芝居の女役者が含まれていると推定されている。仙台商人で、文学や芝居等に造詣の深かったことで知られる柴田量平の『東一番丁物語』(1944年)に、梅三芝居女役者のエピソードが記されている。

梅三芝居の噂《うわさ》話に、明治4年東北鎮台が仙台に置かれた際、司令官として来任した陸軍大佐三好重臣は最も梅三芝居を愛顧、ひいきし」「明治5年青葉神社祭礼の時、各町から祭の山車がたくさん出たが、その中のある山車の象を飾ったものの上に乗って踊った1人—

艶麗《えんれい》花を欺く様な美しい娘が三好司令官の御目に」とまった。

この娘は南町の八百屋の娘で、梅三芝居の中でも美貌で知られ、第一の人気者であった。

青葉神社は明治7（1874）年勧請《かんじょう》なので、「明治5年青葉神社祭礼」は誤解である。三好重臣陸軍大佐が東北鎮台・仙台鎮台の司令長官として任務に就いていたのは明治5年3月23日から明治7年8月20日である。この間に行われた仙台山車祭は、桜ケ岡神宮の祭礼のみである。したがってこのエピソードが真実とすれば、三好大佐が女役者を見染めたのは、明治5年10月17日に行われた桜ケ岡神宮の祭礼行列である。

各町消防組が出した花万燈《はなまんどう》に従う踊手「幸菊連娘芝居《こうぎくれんむすめしばい》」は、仙台で女芝居を上演していた尾上《おのえ》幸菊《こうぎく》一座のことである。この時、座長の幸菊は17歳であった。東一番丁の東座《あずまざ》で二百五十祭が始まる1カ月前の明治18（1885）年4月から新作物「高橋お伝」、さらに5月の二百五十年祭の月は、同じ東座で新狂言「萩の信夫《しのぶ》の色くらべ花」を興行していた（『奥羽日日新聞』明治18年5月27日号）。

4月上演の「高橋お伝」は、実在した殺人犯をモデルにした芝居である。高橋お伝は明治12（1879）年に斬首刑になり、日本で最後に打ち首となった者とされる。彼女の生涯を歌舞伎に仕立てた新作物は、5月上演の新狂言とともに、演劇改良運動の所産であろうが、政宗公二百五十年祭での踊は名題物《なだいもの》とあるので、古典の歌舞伎踊で参加したと思われる。

青葉神社参道の石燈籠。藩祖政宗公二百五十年祭を祈念して国分町の佐埜長兵衛らが寄付したもので、竿（さお）に「明治十八年乙酉五月二十四日 為二百五十年祭奉」と刻まれている

二日町の「青葉の誉れ鎧《よろい》の草摺《くさずり》」の「青葉の誉れ」は、いうまでもなく、政宗公にちなんでいる。「鎧の草摺」は歌舞伎の演目で、踊の場面がある曽我物として知られている。兄の曽我十郎が父の敵と対面していると知った弟の曽我五郎が、自分も遅れまいと急いで仇《かたき》の館に向かおうとする。それを曽我兄弟の保護者、小林朝比奈が、五郎の抱える鎧に垂れている草摺を持って、強引に引き留める。大力の2人が引き合って草摺がちぎれる話である。二日町の屋台は、「自来也《じらいや》」の造物である。自来也は読本《よみほん》（伝奇風の小説）に登場する架空の盗賊で、歌舞伎でもしばしば上演された。しかし、政宗公二百五十年祭の新聞記事に「3人の娘の手踊」とあることから、男性の自来也ではなく、東一番丁・東座で明

治18（1885）年3月18日からかけられた「女自来也鬼神お松《おんなじらいやきじんのまつ》」に関連したものであろう。その場合、手踊をしたのは、この芝居を演じた東巳之吉《あずまみのきち》女歌舞伎一座である。鬼神お松は歌舞伎、読本、錦絵などで取り上げられた女盗賊で、大盗賊として知られている石川五右衛門、先に述べた自来也とともに、日本三大盗賊といわれた。

仙台の女芝居一座は稀代《きだい》の悪女といわれる「高橋お伝」や「鬼神お松」等の新作物を演じており、歌舞伎の演劇改良運動をも取り入れて活発に活動していた。政宗公二百五十年祭の踊行列は明治期に活躍していた、仙台女芝居の役者たちが各町の出し物を彩りながら賑《にぎ》やかに行われたと思われる。

6　青葉神社周辺神楽への影響

青葉神社は明治7（1874）年の勧請から境内に神楽殿が設けられていた。神社に付属神楽が存在したという記録はないが、明治10年の祭礼で神楽が奉納されている。明治18年の藩祖政宗公二百五十年祭では、5月24日及び25日に奉納されている。24日は神輿《みこし》が戻ってから行われた。25日は剣、槍《やり》の試合が午後5時頃に終了し、すぐに能狂言、その後に騎射（10騎が輪をなした状態から合図で駆け出し、速い者勝ちで的を射抜く祭礼行事）があり、終わってすぐに最後の奉納として神楽が奏された（『奥羽日日新聞』明治18年5月30日号）。残念ながら、この時の神楽の詳細を知ることができる記録は残っていない。

青葉神社周辺で行われているのは、十二座神楽のうち仙台神楽通町系《とおりちょうけい》である。通町系で現在行われているのは、通町熊野神社神楽（青葉区通町）と仙台東照宮神楽（青葉区東照宮）の二つである。かつては瀬田谷不動尊神楽《せたやふどうそんかぐら》（青葉区八幡）、堤町天神社神楽（青葉区堤町）、二柱神社神楽《ふたはしらじんじゃかぐら》（泉区市名坂）、荒町毘沙門神楽（若林区荒町）が行われていた。

この神楽の特徴は、他の十二座神楽に比べて曲調が一段と軽快で囃子《はやし》に近いこと、舞人の動きは神楽舞というより踊にみえることである。その代表が瀬田谷不動尊神楽のハネッコと呼ばれる踊であり、通町熊野神社神楽の道中囃子を彷彿《ほうふつ》させる曲である。

仙台東照宮神楽は、江戸時代の仙台祭が分化し、新たに東照宮祭礼として行われた明治以降に、膝元である宮町の人たちが始めたとされる。開始時期は不詳だが、明治19（1886）年5月の東照宮祭礼に「神楽もありて」の記事があり、この時に奉納されたのが東照宮神楽と思われる（『奥羽日日新聞』明治19年5月22日号）。現在も毎年4月の東照宮例祭で奉納される。5年に1度の大祭で神輿巡幸があり、その時はハネッコが演奏される。

瀬田谷不動尊神楽のハネッコは雀踊とも呼ばれ、地元では青葉城築城＝慶長6（1601）年普請開始、青葉城は仙台城の雅称＝の際、石工たちが伊達政宗公の前で演じたのが始まりと伝えられている。この神楽で演じられた雀踊は締め後に舞手全員が舞台で跳びはねるように踊り、演目で最も勇壮で見物人の目を楽しませたといわれる。他の神楽に見られない趣向で、江戸時代後期の江戸歌舞伎で盛行した曽我祭の大踊《おおおどり》（幕の最後に行われる一座全員による踊）を思い起こさせる。

通町の熊野神社は、宮城郡荒巻村（仙台市青葉区荒巻、ＪＲ仙山線の北側、北仙台駅から北山駅一帯）の総鎮守であったが、寛文７（１６６７）年に仙台城下の通町に移った。この神社を拠点とする通町熊野神社神楽は、道中囃子に似た馬鹿囃子を演目の前後に演奏する。この神楽を見聞した民俗芸能研究の大家、本田安次は「引屋台《ひきやたい》の道ばやしに似た打ち方で」「昔、屋台の上で演じたことがあるのではないかという気がする」と感想を述べている。

引屋台といえば明治18（１８８５）年の藩祖政宗公二百五十年祭との関連が思い浮かぶ。江戸時代の仙台祭との関わりも無視できないが、前述したように通町は職人町のため仙台祭に山車を出していない。何より通町が仙台の祭礼で出し物を出したのは明治18年（１８８５）の政宗公二百五十年祭における仕掛燈籠《しかけとうろう》のみである。

通町熊野神社神楽は宝暦７（１７５７）年に始まったとされる、仙台城下でも由緒ある神楽である。さらに、最も青葉神社の近くで行われている神楽である。こうした状況から見て、通町熊野神社神楽は青葉神社に神楽を奉納するとともに、政宗公二百五十年祭では通町の出し物で、囃子を担当した可能性が高い。その場合、通町系神楽の持つ軽妙な踊と曲調は、政宗公二百五十年祭を今に伝える、生きた遺産といえよう。

第10章　神仏分離と宮城の芸能

―まとめに代えて―

1　神楽にとっての明治維新

江戸時代に神楽を行っていた法印（修験者）にとって、明治初期の神仏分離に伴う諸政策は青天のへきれきであったと思われる。修験道廃止等、彼らがそれまで当たり前と信じていた基盤が失われ、新たな歩みを踏み出さざるを得なかった。ここでは三つの方向から、このことから生じた課題を見ていく。

一つは修験道が廃止されたことで生まれた課題である。神仏分離で修験道は仏教に属することが明言され、神仏と深く関わっていた法印は、宗教者としては神と仏、どちらに仕えるか、立場を明確にする必要に迫られた。①天台宗もしくは真言宗の僧侶②神社の神職③廃業して俗世間で生きる―の三つから生きる道を選択せざるを得なかった。宮城県域729の修験院はその結果、廃業を選んだ者475院で65・2％、神社を選んだ者178院で24・4％、寺院を選んだ者76院で10・4％と過半数が廃業を選択した。廃業の選択には先祖以来、修験道に従事してきた家業を絶やすのは忍びないという、当主の深い悲しみがあったと思われる。

二つ目は神社祭式が固定され、神社が格付けされたこと（近代社格制度）から生じる課題である。江戸時代の法印は日頃から村民の祈りや悩みに向き合い、加持祈祷《かじきとう》によって村に安寧をもたらしていた。また、神仏の加護を得て五穀豊穣《ごこくほうじょう》・天下泰平を祈願した。祭礼にあたっては神前で仏式の奉仕を行い、所によっては時に郡単位ほどの範囲の仲間で神楽組を組織し、互いに日程を調整しながら、春・秋の例祭等に際して別当を務める神社に神楽を奉納した。ここでの神楽は神事の一環であった。神社を崇敬する村民にとって神楽は法印が行う神事であり、法印たちのものであった。

仙台藩では修験者のことを法印と通称していた。明治以降、この称号は神職の別称として踏襲された。しかし、明治期の新法印は、旧法印（修験者）が行っていた諸活動の一つ、加持祈祷を禁止された。そのため宗教者として村民と接するのは神社の祭礼が中心になった。ところが祭礼で行われる神事にも国家統制があり、神社神道としての祭式・神事が限定された。その結果、江戸時代に神事として行っていた神楽は神事から離れ、祭礼の賑《にぎ》やかさを醸し出す神賑《かみにぎわい》行事に変わった。

明治期に神社神道で定められた祭式例に神への拝礼・拍手《かしわで》の形式がある。今日、神社での参拝は二礼二拍手《はくしゅ》一礼が一般的である。この作法は明治8（1875）年の『神社祭式』で「再拝拍手」が神職の作法と定められたのを発端とする。日本では奈良時代まで神だけでなく新たに即位した天皇へも群臣が拝礼・拍手をした。拍手は尊いものを敬う日本的な作法であったが、平安時代以降、天皇への拍手は廃止となり、神への柏手の祭式は中世に成立した三輪流神道や吉田神道などでは流派ごとに決められた。『神社祭式』の「再拝拍手」は、古代から行われている神への礼作法の復古であり、中世以降の神道祭式の統一であった。

神社は近代社格制度のもとで県社、郷社、村社等に定められ、当初は郷社、徐々に村社を中心に1村1社を原則とする村氏神が定められた。そうして村民は生まれた土地の守護神である村氏神の氏子となった。江戸時代に法印（修験者）が組織していた神楽組のうち、明治期に神職を選択した法印（神職）は村氏子に神楽を伝えて、村氏神たる神社の祭礼で奉納するようにした。これにより神楽は地域のものとなり、やがて明治20年代、宮城縣《けん》内神職取締所が認定する「村社○○神社附属神楽」へと展開する。

課題の三つ目は、神意識の変化から生じたものである。神仏習合を基盤とした江戸時代、神道の考えは『日本書紀』を中心に『先代旧事本紀《せんだいくじほんぎ》』、『古事記』を含めた3冊を基本とした。これは室町時代に成立した吉田神道が3書を三部本書として重視したことが背景にあった。このうち聖徳太子の著述とされた『先代旧事本紀』は江戸中期に偽書説が出て、一時、信頼を欠く時もあった。しかし江戸時代において、吉田神道は幕府から神道本所として公認され、全国の神社・神職を支配下に置いたことで全国の神社に大きな影響を与えていた。

明治期の神社神道ではこれまでの『日本書紀』に代わり『古事記』が重視される。今日、神代の物語は記紀神話といわれるが、その実、依拠しているのは『古事記』であり、その源流は明治期にある。明治国家が目指した天皇中心の国家においては、皇室の祖先神である天照大御神《あまてらすおおみかみ》を祭る伊勢神宮を頂点として全国の神社が格付けされた。行政的には新たな国家の考え方を教導するため、中央に大教院、各県に中教院が設置された。そこには天御中主神《あめのみなかぬしのみこと》、高皇産神《たかみむすびのみこと》、神皇産神《かみむすびのみこと》の造化三神が祭られ、天照大御神とともに重要神とされた。

　こうした神意識の変化に伴い、明治期に神前で奏される神楽は神を楽しませるものであるから、滑稽なものやふざけたものは神を愚弄《ぐろう》するとして遠ざけられた。合わせて演目の主人公として登場する神も、新しい時代の神が重視された。浜系法印神楽で最初に演じる演目、初矢は江戸時代に記された伝書では木の神、句句廼馳命《くくのちのみこと》の舞である。ところが、現在、これを天御中主尊の舞としている神楽が複数ある。しかし、その場合でも伝書やせりふに句句廼馳命が出て来ることがある。こうしたことから神名の変更は緩やかに行われたと思われるが、変更のきっかけは明治期の神道観であるのは明らかである。

　以上のように、法印神楽は明治期の神社神道に沿って、神楽を適応させていったことが見て取れる。これと対照的に、仏教（修験道）色をより強めたのが大乗神楽である。大乗神楽を伝える北上では修験道廃止に伴い、当主とその後継者である息子が僧侶と神職を分担する方策がとられた。その選択率は僧侶81・3％、神職70・5％、廃業17・6％であった（114ページ参照）。僧侶の選択率は宮城県の10・4％とは比較にならない高い比率である。しかも当主と息子が神社と寺院を分け合って両者を継続させたものが多く、神社か寺院かではなく、実は修験道を継続させることを第一に考えての選択であったことが想定できる。

修験道の芸能として大乗神楽を存続させる指向は明治期の神楽組の体制にも現れている。新たに神楽習得を目指す氏子（一般庶民）は神楽師匠（旧法印）のもとで修験道や神楽の儀礼等を一定期間、修行したのち師匠から法名を授けられた。この地域にのみ通用する大乗神楽の指導者として「法印」制を新たに創り出したのである。さらに神々をあの世（彼岸）にいる仏菩薩《ぶつぼさつ》が民衆を救うためにこの世（此岸《しがん》）に現れた神と位置づけて、演目に登場する神々に対応する仏菩薩を比定した。この発想は江戸時代までの神仏混淆《こんこう》思想と同じだが、わが国で行われている神楽で本地仏が比定されている神の例を聞かない。明治期における大乗神楽のこうしたあり方は、他に例を見ない変化の方向性を編みだしたものと評価できる。

現在、神楽は地域のくらしの中で育まれてきた貴重な芸能とされ、郷土芸能・民俗芸能の代表とされている。その内容は修験道解体、法印（神職）、近代社格制度、村氏神・村氏子等、明治期に実施された神社神道の様々な政策を地域で受け止め、対応してきた結果が大きく影響していることを忘れないようにしたい。

2 田植踊・鹿踊にとっての明治維新

田植踊や鹿踊《ししおどり》は庭元が芸能組を組織して、定められた時期に興行を行っていたことに特徴がある。庭元は世俗の生活者であり、法印神楽等の神楽が宗教者によって神事として行われていたのと大きく異なる。ただし県内の神楽で唯一、南部神楽は一般の神楽好きが庭元として興行しており、田植踊、鹿踊に近い形をとっていた。

田植踊は藩から人数制限が出された享保9（1724）年以前から行われていた。しかし、史料が増えてくるのは江戸時代後期の19世紀以降である。この時期は江戸の町人文化が発達した時期に重なり、文化史的には化政文化（1804～30年）といわれる。田植踊と縁が深い歌舞伎を例にとれば、それまで芝居の中心は京・大坂であったが、この時期になると江戸で多くの作品が創作され、江戸歌舞伎全盛となった。江戸から発生した文化は、流通経路の拡大にともなって地方の都市へ伝えられた。

江戸時代、正月の仙台城下に出ていた田植踊は、余芸の出し物に江戸歌舞伎の影響を受けた芸が散見される。こうした城下の田植踊が周辺の村々に伝わり定着したものが仙台田植である。

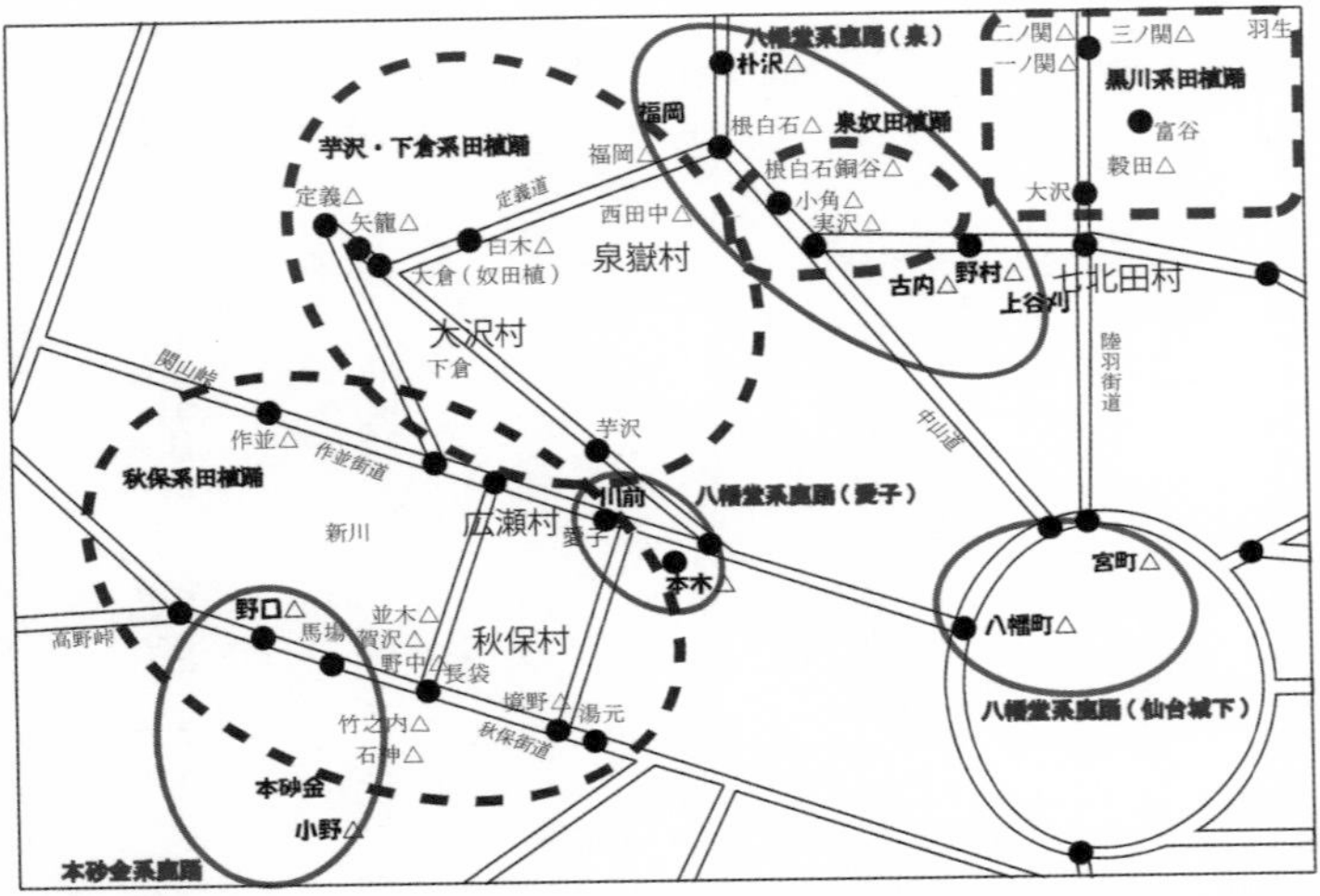

仙台北西部の鹿踊と田植踊　　地名の太字は鹿踊、細字は田植踊。△は現在行っていないもの。福岡区中組の若者組は芋沢・下倉系田植踊と八幡堂系鹿踊（泉）との招待芸能交流を行った。文政 12（1829）年 7 月に福岡、朴沢、西田中、小角、根白石の隣接集落、8 月に野村（鹿踊）、上谷刈（鹿踊）、古内（鹿踊）、大倉、根白石、芋沢、実沢、仙台城下（鹿踊）のやや離れた集落を回った。明治 7（1874）年から 27（1894）年には実沢、小角、西田中の泉奴田植、野村の鹿踊、矢籠、大倉日向、白木、芋沢の芋沢・下倉系田植踊を招いた。秋保系田植踊や八幡堂系鹿踊（愛子）は別の交流圏であった（道路は『仙台市史特別編 6』を改変）

仙台田植で特筆されるのはお互いの村で行っている芸能を招待し招待されるといった、招待芸能交流が盛んに行われたことである。この交流は化政文化期（1804〜30年）に始まったと思われる。仙台周辺の多くの村に若者組が組織されたのもこの頃で、働き盛りの若者組がこの交流事業の中心であった。対象になった芸能は正月の田植踊と盆の鹿踊であった。

田植踊と鹿踊はどちらも集団で演じる芸能である。また、神職、僧侶、法印（修験者）等の宗教者が関与する芸能ではないため、明治期の神仏分離、修験道廃止政策と一線を画していた。そうしたことが幸いしたのか、明治初期でも招待芸能交流の習俗に大きな変化は見られなかった。影響を受けたのは明治後半期から大正期である。地方に新行政制度が確立し、江戸時代の複数村が合併して村の規模が拡大したことに伴って、江戸時代から続く旧村内の互助組織である契約講や若者組は変革を迫られた。

根白石を長年調査している大正大学教授・寺田喜朗氏によれば、福岡区中組と西田中区を除いたすべての若者組が大正末期までに解散した。そうして明治末期に全国的なつながりを持った青年組織、青年団の結成が奨励されたこともあり、町村単位の連合体の支部に移行したものが多い。若者組解散に歩調を合わせて招待芸能交流も大正期に途絶えた。芸能交流の主役であった田植踊や鹿踊の多くも、この頃に廃止になっている。

こうした状況の中で根白石村の旧村の一つ、福岡村で行われていた福岡の鹿踊は明治後期に廃止されたが、大正6（1917）年に再開した。再開活動の中心になったのは廃止前から活動に関わっていた若者組である。この時に再開の原動力になったのは、郷土芸術として鹿踊を残したいという若者の文化意識であった。この意識は今日でいえば、地域の誇りとして民俗芸能という文化財を後世に残したいという考えに通じるものである。

仙台北西部で招待芸能交流を行っていた地域は旧根白石村（仙台市泉区）の他に旧宮城町（仙台市青葉区愛子・大倉）、旧秋保町（仙台市太白区秋保町）がある。江戸時代、仙台城下から旧根白石村へ続く道路は、村と村を繋《つな》ぐ間道であった。これに対して旧宮城町と旧秋保町の道路は、それぞれ城下と他領の山形を結ぶ本道の作並街道と秋保街道であった。

旧秋保町は秋保街道沿いの旧村（宿場）ごとに田植踊があった。ところが明治15（1882）年に関山トンネルが開通して作並街道が山形に通じる主要道になり、その反動で秋保街道沿いの旧村は衰退した。秋保は明治の行政機構に伴う時代の変化よりも道路事情の変化で、江戸時代に宿場であったものが明治期に山村へ変わったことによる影響が大きいと思われる。9カ所ほどで行われていた田植踊は昭和初期までに6カ所が廃止になり、現在、秋保の田植踊として活動している湯元、長袋、馬場の3地区はそうした状況の中で伝承している貴重なものである。

仙台北西部で行われている田植踊や鹿踊は、江戸時代に仙台城下で庭元が興行していた芸能を村民が習い覚えて、地元に移したものである。当時、仙台城下で行われていた神楽は法印神楽も十二座神楽もともに社家による神楽であったため、周辺の村々の村民は神楽を地元に持ってこられなかった。この地域で行われていたのは、邑主《ゆうしゅ》である秋保氏が勧請《かんじょう》し、崇敬した秋保・諏訪神社（明治42年に秋保5カ村の神を合祀《ごうし》して秋保神社に改称）の神楽のみであった。田植踊等が神楽と併存していれば、あるいは明治期に村社と結びついて旧村の芸能になった可能性もあったかもしれない。しかし現実に神楽は移されず、仙台北西部の芸能は契約講や若者組を基盤とした村内集落の芸能として行われた。旧村が合併して成立した広域町村において旧村は大字《おおあざ》、集落は小《こ》字《あざ》となり市町村内の地名として吸収されるにつれ、神楽と田植踊、鹿踊は同じ質をもった地域の芸能、すなわち郷土芸能となり、さらに民俗芸能になっていった。

おわりに

冒頭で記したように、民俗芸能や郷土芸能はどの地域の芸能かがわかるよう、芸能名の前に地域名を付している。支えているのは地元に住んでいろいろな職業に従事している人たちである。民俗芸能に関わっている人は好きだからと言う人が大勢いるが、地域で育んできた芸能を絶やすことなく次世代に伝えたいという思いを強く持っている人も多い。

平成23(2011)年に発生した東日本大震災から10年が過ぎ、各地で復興が形になって現れてきている。しかし、被災した地域の復興はこれで終わりということはなく、被災後に過ごした日々、そうして今後に訪れる日常もすべて復興である。この新たな日常では、以前より人口が激減した集落もある。地域の連携という視点では、連携の担い手がいなくなってしまったことにもなる。地域文化はその土地固有の環境や歴史から生まれたものであり、中でも祭礼行事や民俗芸能は集落に住むみんなが参加する一大行事である。それは地域で生きる人と人とのつながりを確認できる、またとない機会でもある。その点で、祭礼行事や民俗芸能は地域文化の核となるものである。

もちろん大変な目に遭っている被災者にとっては、文化よりも生活の復興が優先される。しばらくは「文化どころではない」というのが現実と思われるが、生活復興の階段、文化復興の階段など、いくつもの螺旋《らせん》階段を行き来しながら、少しずつ上へ進んでいく復興が理想である。

幸いに被災地から「故郷の伝統を閉ざしたくない」「故郷の誇りを取り戻したい」との声が上がり、祭礼行事や民俗芸能の再生、復活がいたる所で行われている。震災を経て再生した民俗芸能は、それ以前とはわずかに表情が変わる。それは新たな着物を一枚まとったようなものである。何世代にもわたって地域で育まれてきた芸能は、こうした着物を何枚もまとっている。

明治維新は政治・社会・文化等多方面に及んだ変革で、これに直面した地域の芸能も変わらざるを得なかった。本書ではこの大きな社会変動に際して、地域に住む人々がいかに土地にふさわしい形や柄の着物を用意したのかを、ジャンルごとに見てきた。情勢の変化に芸能を適応させてこそ、地域の芸能は継続できるのである。現代社会はインターネット等で、個人が地域社会を簡単に跳び越えて世界につながる世へと急速に変化した。だが、周囲と協調して地域生活を営む限り、そこにある祭礼行事や民俗芸能は地域の人々に潤いを与えてくれるのである。

本書出版に際してお世話になった皆さま、特に民俗芸能について初歩からご指導いただいた故千葉雄市氏、仕事人間であった筆者に呆れながら接してくれる妻に感謝して筆を置きたい。

令和3年7月

笠原　信男

引用・参考文献

赤間亮「寛政6年度の江戸歌舞伎興行記録」『論究日本文學第71号』立命館大学日本文学会1999年
阿部武司「和賀郡の大乗神楽」『北上・花巻地方の大乗神楽調査報告書』北上市文化財活性化実行委員会2018年
阿部正瑩『南部神楽系譜調査報告書』一関市文化財調査報告書第14集1995年
庵逧巖「文政8年板〈諸国芝居繁栄数望〉」『藝能史研究』第21号1968年
五十嵐清藏編『北村山郡史下巻』北村山郡1923年
池田弥三郎『民俗民芸双書1 芸能』岩崎美術社1966年
一関市博物館『お姫様のお国入り』一関市博物館平成25年度テーマ展パンフレット2013年
一関市博物館『第20回企画展 地を量る−描かれた国、町、村』2013年
伊藤辰典「旧仙台領における修験寺院の変遷」『東北文化研究室紀要第41、42集』1999・2000年
伊原敏郎著、河竹繁俊・吉田暎二編集校訂『歌舞伎年表第3巻』岩波書店1958年
伊原敏郎著、河竹繁俊・吉田暎二編集校訂『歌舞伎年表第5巻』岩波書店1960年
遠藤主税編『鶯沢町史』鶯沢町1978年
及川宏幸「行山流鹿踊」『東北歴史博物館研究紀要13』2012年
大本敬久「東北から伝播した四国の鹿踊」『東北民俗第47輯』東北民俗の会2014年
大矢邦宣『和賀の修験(2)岩崎深山権現別當 伍大院田村家と岩崎二前神社』和賀町文化財報告書1988年
雄勝町教育委員会「御神楽之大事」1739年『雄勝法印神楽』2000年
小田嶋恭二「はじめに」『北上・花巻地方の大乗神楽調査報告書』北上市文化財活性化実行委員会2018年
小田嶋利江「湯元の田植踊」『秋保の田植踊の歴史と現在』仙台市文化財調査報告書第31集2014年
小田道夫編「神楽の道志留辺」1896年『雄勝法印神楽』2000年
小山田（高田）与清「役者海老」『松屋筆記巻四』1818〜1845年市川謙吉編輯兼発行1908年
笠原信男『南部神楽に親しむ』東北歴史博物館2013年
門屋光昭「北海道に移住した芸能集団の消長」『かぐらの「わ」データ編3』平泉郷土館2002年

神田竜浩「大乗会」『北上・花巻地方の大乗神楽調査報告書 本編』北上市文化財活性化実行委員会2018年
神田より子「まとめ」『北上・花巻地方の大乗神楽調査報告書』北上市文化財活性化実行委員会2018年
菊池慶子「大名正室の領国下向と奥向」『東北学院大学論集 歴史と文化第52号』2014年
北上・みちのく芸能まつり実行委員会『炎の伝承—北上芸能伝承まつり』1999年
北上市文化遺産活性化実行委員会編『北上・花巻地方の大乗神楽調査報告書 資料編』2018年
近世村落研究会編『公儀御触御国制禁』『仙台藩農政の研究』丸善1958年
郡司正勝編「入端（入羽）」『日本舞踊辞典』東京堂出版1977年
郡司正勝編「雀踊」『日本舞踊辞典』東京堂出版1977年
小井川和夫「仙台祭についての覚え書き」『東北歴史博物館研究紀要2』2001年
国立公文書館「府県史料 宮城県史料7（宮城県国史政治部 明治10年）国立公文書館デジタルアーカイブ
国立公文書館「府県史料 宮城県史料11（宮城県国史政治部 明治12年）国立公文書館デジタルアーカイブ
後藤淑「北上市薬王院の仮面」『中世仮面の歴史的・民俗学的研究』多賀出版1987年
後藤淑「岩手県前沢町八穂茂神社の仮面」『民間仮面史の基礎的研究』錦正社1995年
小宮豊隆「神楽研究資料」『旅と伝説8-1』1934年
今野清美編『くりこまの神楽誌』栗駒町神楽保存伝承研究会1980年
佐竹昭広他校注「巻第10秋の雑歌2133」『万葉集（3）』岩波文庫2014年
佐藤雅也「近代仙台における庶民の生活暦（2）」『足元からみる民俗（15）』2007年
十返舎一九「仙台年中行事大意」1849年『仙台年中行事絵巻解説附仙台年中行事大意』1940年
柴田町史編さん委員会編『柴田町史 資料篇3』1990年
柴田量平『東一番丁物語』1944年本の森（再刊）2001年
白石爛兮「揷秧扇舞」『仙臺始元』1772～1801年、『東藩事物紀源』宮城県図書館（写）1950年
菅江真澄「かすむこまがた」1786年『菅江真澄全集第1巻』未来社1971年
菅江真澄「鄙廼一曲」1809年頃『菅江真澄全集第9巻』未来社1973年
菅江真澄「はしわのわかば（続）」1786年『菅江真澄全集第12巻 雑纂2』未来社1981年
鈴木昂太「北上・花巻の大乗神楽」『北上・花巻地方の大乗神楽調査報告書』北上市文化財活性化実行委員会2018年

仙台市史編さん委員会編「仙岳院日鑑 文政10年2月条」『仙台市史資料編3 近世2』仙台市1997年
仙台市史編さん委員会編『仙台市史特別編4 市民生活』仙台市1997年
仙台市史編さん委員会編『仙台市史特別編6 民俗』仙台市1998年
仙台市歴史民俗資料館『八幡町とその周辺の民俗』仙台市歴史民俗資料館調査報告書5集1984年
仙台市歴史民俗資料館『特別展図録「祭礼と年中行事」』2003年
船遊亭扇橋「奥のしをり」1841年『奥のしをり』アチックミューゼアム彙報第21（復刻）1938年
船遊亭扇橋著・加藤貞仁現代語訳『奥のしをり』1841年無明舎出版2019年
平重道「宮城縣宮城郡根白石村大字福岡区中組の若者組と鹿踊について」『宮城縣根白石村史』1957年
平重道編『仙台藩史料大成 伊達治家記録1 貞山公治家記録巻之2』宝文堂出版1972年
平重道編『仙台藩史料大成 伊達治家記録10青山公治家記録全書後編』宝文堂出版1977年
滝浜神楽「昭和元年旧拾弐月 神楽神代簿」
立川焉馬「花江都歌舞妓年代記」1811～1815年国立国会図書館デジタルコレクション4巻
千葉雄市「仙台在郷村落の芸能招待交流について」『東北民俗第28輯』東北民俗の会1994年
千葉雄市「宮城県の民俗芸能(1)法印神楽」『東北歴史博物館研究紀要1』2000年
千葉雄市「南部神楽・十二座神楽・田植踊・鹿踊」「宮城県の民俗芸能(2)」『東北歴史博物館研究紀要2』2001年
坪内逍遥『新楽劇論』早稲田大学出版部1904年
津村正恭「譚海」1785年『日本庶民生活史料集成第8巻 見聞記』三一書房1969年
寺田喜朗「近隣ゲマインシャフトと葬送習俗―根白石村における契約講のモノグラフ」『近現代日本の宗教変動』ハーベスト社2016年
東京女子大学民俗調査団編『普賢堂の民俗』1976年
東北歴史博物館『GIGA・MANGA江戸戯画から近代漫画へ』2020年
冨田広重「演劇」『宮城縣史14（文学・芸能）』宮城縣史刊行会1958年
内閣記録局編『法規分類大全第34社寺門第1神社第1』1891年
中目誠「神楽」『胆沢町史10民俗編』胆沢町史刊行会1991年
中山太郎『日本巫女史』1930年国書刊行会2012年
野上豊一郎編「石橋」『新装愛蔵版 解註 謡曲全集巻6』中央公論社1985年

羽田尋常高等小学校『羽田村志資料上巻』１９２９年羽田地区振興会（復刻）１９８６年
福井保解題「視聴草6集之4 陸奥ふり」『内閣文庫所蔵史籍叢刊 特刊第2 視聴草』汲古書院発行１９８５年
本田安次「宮城縣の神楽と舞踊」『宮城縣史19（民俗1）』宮城縣史刊行会１９５６年
本田安次「仙台市及び其の附近の太々神楽」『本田安次著作集第3巻 神楽3』錦正社１９９４年
本田安次『本田安次著作集第4巻神楽4 陸前濱乃法印神楽』１９３４年錦正社（復刻）１９９４年
本田安次「秋保村長袋の田植踊」『本田安次著作集第8巻田楽1』錦正社１９９５年
本田安次「江刺市簗川の久田踊」『本田安次著作集第11巻風流2』錦正社１９９６年
松崎仁「『新板役者誉ことば』影印・翻刻と注解」『日本文学研究27』梅光学院大学１９８１年
水野沙織『仙台城下の芸能事情』国宝大崎八幡宮仙台・江戸学叢書18、２０１３年
三隅治雄・中村茂子解題・校注「武州鷲宮神楽資料」『日本庶民文化史料集成第1巻』三一書房１９７４年
三田村佳子『里神楽ハンドブック 福島・関東・甲信越』おうふう２００５年
南奥羽戦国史研究会編『伊達天正日記 天正15年』岩田書院２０１８年
三原良吉「維新後における仙台祭」『仙台郷土研究第6巻第6号』１９３６年
宮城郡教育会編『宮城郡誌 全』１９２８年名著出版（復刻）１９７２年
宮城縣「書出 磐井郡西岩井郷山目村」『宮城縣史27（資料篇5）』宮城縣史刊行会１９５９年
宮城縣「奥陽名数」『宮城縣史32（資料篇9）』宮城縣史刊行会１９７０年
宮城県神社庁編『宮城縣神社名鑑』１９７６年
民俗藝術の会「宮城県名取郡秋保村の田植踊り」『民俗藝術1-5』１９３２年
森岡清美「明治維新期における藩祖を祀る神社の創建」『淑徳大学社会学部研究紀要第37号』２００３年
森口多里「大乗神楽」『岩手県民俗芸能誌』錦正社１９７１年
保田光則『新撰陸奥風土記』１８６０年歴史図書社１９８０年
横田清作「釈迦舞流剣拝祓伝巻」『泉の鹿踊・剣舞資料集』泉市教育委員会１９８１年
吉川周平「曾我祭」『世界大百科事典第16巻』平凡社１９８８年
吉田正志監修『源貞氏耳袋12「93芝居御免の事」』「源貞氏耳袋」刊行会２００８年

笠原　信男（かさはら・のぶお）
1957年埼玉県小川町生まれ。國學院大學大学院文学研究科日本史学専攻修了。専門は民俗学・民俗芸能・博物館学。
1983年宮城県教育委員会に奉職。教育庁文化財保護課、東北歴史資料館、築館女子高等学校、東北歴史博物館、多賀城跡調査研究所に勤務。多賀城跡調査研究所長、教育庁文化財保護課長、東北歴史博物館長を歴任。現在は東北生活文化大学非常勤講師。仙台市在住。

明治維新と宮城の芸能

発　行　2021年8月24日　第1刷
著　者　笠原　信男
発行者　小野木克之
発行所　河北新報出版センター
〒980-0022
仙台市青葉区五橋一丁目 2-28
河北新報総合サービス内
TEL　022(214)3811
FAX　022(227)7666
https://kahoku-ss.co.jp/
印刷所　山口北州印刷株式会社

定価は表紙に表示してあります。
乱丁、落丁本はお取り替えいたします。

ISBN　978-4-87341-416-4